「一带一路」列国人物传系 总主编◎王 丽

欧洲客厅 比利时9人传

王灵桂 张啊芳◎主编

華文出版社
SINO-CULTURE PRESS

图书在版编目（CIP）数据

比利时9人传 ：欧洲客厅 / 王灵桂，张啊芳主编.
—— 北京 ：华文出版社，2019.2（2023.6 重印）
（“一带一路”列国人物传系）
ISBN 978-7-5075-5073-3

Ⅰ．①比… Ⅱ．①王… ②张… Ⅲ．①人物－列传－比利时 Ⅳ．①K835.64

中国版本图书馆CIP数据核字(2019)第006293号

比利时9人传

主　　编：王灵桂　张啊芳
责任编辑：谭　笑
人物画像：孙　萌　杨兴福
出版发行：华文出版社
社　　址：北京市西城区广外大街 305 号 8 区 2 号楼
邮政编码：100055
网　　址：http://www.hwcbs.cn
投稿信箱：784263235@qq.com
电　　话：总 编 室 010-58336239　发 行 部 010-58336202/58336212
责任编辑 010-58336237
经　　销：新华书店
印　　刷：三河市嵩川印刷有限公司
开　　本：880×1230　1/32
印　　张：7.625
字　　数：124 千字
版　　次：2019 年 2 月第 1 版
印　　次：2023年 6 月第 4 次印刷
标准书号：ISBN 978-7-5075-5073-3
定　　价：58.00 元

“‘一带一路’列国人物传系”编辑委员会

总　序

群星闪耀“一带一路”

“2100多年前，中国汉代的张骞肩负和平友好使命，两次出使中亚，开启了中国同中亚各国友好交往的大门，开辟出一条横贯东西、连接欧亚的丝绸之路。”[①]2013年9月7日，中国国家主席习近平在哈萨克斯坦纳扎尔巴耶夫大学发表演讲，以博古通今的睿智对大学生们娓娓道来丝绸之路古老而年轻的故事。

“我的家乡陕西，就位于古丝绸之路的起点。站在这里，回首历史，我仿佛听到了山间回荡的声声驼铃，看到了大漠飘飞的袅袅孤烟。这一切，让我感到十分亲切。哈萨克斯坦这片土地，是古丝绸之路经过的地方，曾经为沟通东西方文明，促进不同民族、不同文化相互交流和合作作出过重要贡献。

① 《习近平谈治国理政》，外文出版社，2014年10月第1版，第287页。

东西方使节、商队、游客、学者、工匠川流不息，沿途各国互通有无、互学互鉴，共同推动了人类文明进步。”“不同种族、不同信仰、不同文化背景的国家完全可以共享和平、共同发展。这是古丝绸之路留给我们的宝贵启示”，“为了使我们欧亚各国经济联系更加紧密、相互合作更加深入、发展空间更加广阔，我们可以用创新的合作模式，共同建设‘丝绸之路经济带’”。[①]推己及人，高瞻远瞩，引领时代，习主席在阿斯塔纳[②]通过哈萨克斯坦人民，首次向世界发出了让古老的丝路精神再次焕发青春和光彩的时代宣言。

2013 年 10 月 3 日，习主席在印度尼西亚国会发表了题为《共同建设二十一世纪“海上丝绸之路”》的演讲：“东南亚地区自古以来就是‘海上丝绸之路’的重要枢纽，中国愿同东盟国家加强海上合作，使用好中国政府设立的中国－东盟海上合作基金，发展好海洋合作伙伴关系，共同建设 21 世纪‘海上丝绸之路’”，“发挥各自优势，实现多元共生、包容共进，共同造福于本地区人民和世界各国人民”。[③]这个倡议和 9 月 7 日的演讲异曲同工、

① 《习近平谈治国理政》，外文出版社，2014 年 10 月第 1 版，第 287 页。

② 哈萨克斯坦新首都名称。

③ 同①，第 293–295 页。

遥相呼应、互为映衬，完整地提出了“丝绸之路经济带”和“21 世纪海上丝绸之路”的宏伟构想。

从广袤的亚欧腹地哈萨克斯坦到风光旖旎的印度尼西亚，习主席提出的“丝绸之路经济带”和“21 世纪海上丝绸之路”吸引了世界各国的目光。从 2013 年 9 月至 2016 年 8 月，习近平出访 37 个国家（亚洲 18 国、欧洲 9 国、非洲 3 国、拉美 4 国、大洋洲 3 国），对“一带一路”倡议的总体框架和基本内涵做了充分阐述。和平合作、开放包容、互鉴互学、互利共赢的丝路精神，共商、共建、共享的合作理念，驱散了“去全球化”的阴霾，为增长低迷的世界经济注入新的动能。各国纷纷将本国经济发展与中国政府制定的《推动共建丝绸之路经济带和 21 世纪海上丝绸之路的愿景与行动》规划相衔接。“一带一路”倡导的政策沟通、设施联通、贸易畅通、资金融通、民心相通等“五通”，正在以基础设施、经贸合作、产业投资、能源资源、金融支撑、人文交流、生态环保、海洋合作等为载体和依托，在全球掀起了投资兴业、互联互通、技术创新、产能合作的新势头。2016 年中国牵头成立有 57 个成员国加入的亚洲基础设施投资银行（AIIB），2017 年 3 月 23 日迎来 13 个新伙伴。孟加拉配电系统升级扩容项目、印尼全国棚户区改造项目、巴基斯坦国家高速公路项目和塔吉克斯坦杜尚别至乌兹别克斯坦道路改造项目已经获得亚投行金融支持，共商共建成为现实。

“一带一路”倡议得到国际社会的热烈响应。2016 年 11 月 17 日，第 71 届联合国大会 193 个成员一致赞同，通过了第 A/71/9 号决议，欢迎“一带一路”倡议，敦促各国通过参与“一带一路”，呼吁国际社会为开展“一带一路”建设提供安全保障环境。2017 年 3 月 17 日，联合国安理会全票赞成，一致通过第 2344 号决议，呼吁国际社会凝聚援助阿富汗共识，通过“一带一路”建设等加强区域经济合作，敦促各方为“一带一路”建设提供安全保障环境。

2017 年 1 月，习近平主席在联合国日内瓦总部发表题为《共同构建人类命运共同体》的重要演讲，全面深入系统阐述人类命运共同体重大理念，在国际上引起热烈反响，受到各方普遍欢迎和高度评价。3 月 23 日，联合国人权理事会第 34 次会议通过关于“经济、社会、文化权利”和“粮食权”两个决议，决议明确表示要通过“一带一路”建设“构建人类命运共同体”。这是人类命运共同体重大理念首次载入人权理事会决议，标志着这一理念成为国际人权话语体系的重要组成部分。

“一带一路”不是中国的独角戏，是与亚、欧、非洲及世界各国共同奏响的交响乐。中国恪守联合国宪章的宗旨和原则，坚持开放合作、和谐包容、政策沟通，培育政治互信，建立合作共识，协调发展战略、促进贸易便利化及多边合作体制机制。中国携手100多个国家和地区，依托国际大通道，以陆上沿线中心城市为支撑，以重点经贸产业园区为合作平台，共同打造新亚欧大陆桥、中蒙俄、中国－中亚－西亚、中巴、孟中印缅、中国－中南半岛等国际经济合作走廊进展顺利，中欧班列在贸易畅通上动力强劲，风景亮丽；以海上重点港口为节点，共同建设通畅安全高效的运输通道，实现陆海路径的紧密关联和合作，太平洋、印度洋、大西洋上巨轮往来频繁，不亦乐乎。亚太经合组织、亚欧会议、大湄公河次区域合作等有关决议或文件，都体现了“一带一路”建设内容。丝路基金、开发性金融、供应链金融汇聚全球财富，建设绿色、健康、智慧与和平的丝绸之路，增进各国民众福祉。

“一带一路”是人类历史上从未有过的恢弘蓝图，也是横跨亚非欧连接世界各国的暖心红线。“丝绸之路经济带”包括中国经中亚、俄罗斯至欧洲（波罗的海），中国经中亚、西亚至波斯湾、地中海，中国至东南亚、南亚、印度洋；“21世纪海上丝绸之路”包括从中国沿海港口过南海到印度洋再延伸至欧洲和到南太平洋。一路驼铃声声、舟楫相望，互通有无、友好交往。

在新的时代，在创新古老丝路精神的伟大进程中，习主席专门缅怀丝路开拓者，特意致敬古丝路精神奠基人：“我们的祖先在大漠戈壁上‘驰命走驿，不绝于时月’，在汪洋大海中‘云帆高张，昼夜星驰’，走在了古代世界各民族友好交往的前列。甘英、郑和、伊本·白图泰是我们熟悉的中阿交流友好使者。丝绸之路把中国的造纸术、火药、印刷术、指南针经阿拉伯地区传播到欧洲，又把阿拉伯的天文、历法、医药介绍到中国，在文明交流互鉴史上写下了重要篇章。千百年来，丝绸之路承载的和平合作、开放包容、互学互鉴、互利共赢精神薪火相传。”[①]这种吃水不忘挖井人的情怀，再次展现了中华民族不忘历史、纪念先贤、展望未来的优秀文化基因，也为中国传记文学学会参加“一带一路”建设指明了方向和道路。

在古老的丝绸之路上，我们不曾相忘：张骞出使西域到过的哈萨克斯坦，山高水长的好邻居巴基斯坦，双头鹰下横跨欧亚之国俄罗斯，草原之国蒙

① 习近平：《弘扬丝路精神，深化中阿合作》，2014年6月5日，习近平在中—阿合作论坛第六届部长级会议开幕式上的讲话，《人民日报》6月6日第1版。

古，喜马拉雅浮世天堂尼泊尔，菩提恒河保佑之国印度，文化瑰宝伊朗，首创法典之国伊拉克，红海门户之国也门，石油王国沙特阿拉伯，波斯湾明珠巴林，雪松之国黎巴嫩，海湾之秀科威特，沙漠之巅阿联酋，半岛明珠之国卡塔尔，波斯湾霍尔木兹海峡守门人阿曼，万湖之国白俄罗斯，欧亚十字路口土耳其，流着奶和蜜之地以色列，欧洲粮仓乌克兰，亚平宁半岛上的文化巅峰意大利，阿尔卑斯之巅的瑞士，玫瑰之国保加利亚，与灵魂对话的思辨之国德意志，欧洲文化殿堂法兰西，欧洲客厅比利时，郁金香之国荷兰，热情如火的西班牙，还有正在脱欧的绅士国度英国，北非金字塔之国埃及，非洲屋脊奉马蹄莲为国花的埃塞俄比亚，香草大岛之国马达加斯加，等等。

沿着海上丝绸之路，我们会领略丛林花园之国马来西亚，花园国度新加坡，千岛之国菲律宾，赤道翡翠之国印度尼西亚；沿澜沧江一路南下，我们不曾相忘澜湄泽润之国越南，千佛之国泰国，高棉的微笑之国柬埔寨，万象之都老挝，印度洋上明珠之国斯里兰卡，印度洋上的明星和钥匙毛里求斯，堆金积玉之国文莱，追求自由之国东帝汶，印度洋世外桃源马尔代夫，骑在羊背上的国家澳大利亚，上帝的后花园新西兰，等等。

"一带一路"沿线国家里，那些千百年来影响了人类与国家、民族命运并与中国曾经有过交往的古今人物，至今还能在教科书、影视剧里看到他们，还能感受到他们在一代一代年轻人身上所生发的影响和魅力。

当然，对于中国人来说，更为熟悉的是丝绸之路的开拓者。曾记否？丝绸之路开拓者中，有汉武帝和他的使节们，有首开大唐盛世的唐太宗及其无数臣民，有再续睦邻通商航海路的宋祖朝廷和无数先贤，还有金戈铁马风漫卷的元代人物，一统江山万里帆的明代人物，环球凉热自清浊的清代人物，东西碰撞溅火花的近代人物，还有经受风雨变迁、勇立海国之志的现代人物，更有丝路明珠敦煌莫高窟的守护者，卫国助邻的将军和通司中外的外交家们。当然，数风流人物，还看今朝，我们不能不浓墨重彩地讴歌那些智通商海，投身到新丝路建设中的当代人物。

耕云播雨，香火延续，智慧传承，历史再续！2100多年的友好交往历史从未隔断，惠及三大洲的中西交通从未停歇，21世纪的"中国梦"和"世界梦"汇成了人类命运共同体的时代和弦，响彻在"一带一路"辽阔的长空。也正因如此，2017年5月，北京喜迎来自"一带一路"相关国家的元首、政府首脑、前政要、知名企业家和专家学者等各界代表，以及国际组织的负责人等千名领袖，出席“‘一带一路’国际合作高峰论坛”。“千人盛会”共襄“团结互信、平等互利、包容互鉴、合作共赢”[①]之盛举，共商“沿线各国共同把蛋糕做大，一起分蛋糕”之合作共赢大计。这是中华民族和世界历史上都应该铭记的大日子。

以人物传记写作为己任的中国传记文学学会，在“一带一路”倡议实施中，肩负“讲好一带一路民心相通好故事”的使命和责任，这也是国家赋予我们的根本职责和任务。在中国文学艺术界联合会的领导下，在中国社会科学院国家全球战略智库指导下，中国传记文学学会以赤诚的家国情怀、强烈的时代精神、为人传记的责任担当，在认真调研、周密谋划、精心组织基础上，毅然决定倾注全力组织编写出版“‘一带一路’列国人物传系”。此煌煌百卷传系讲述近千名各国人物故事，集数百位专家作家尽心挥毫，去冬今春，夜以继日……幸得中国出版集团公司华文出版社出版发行。于是，各位读者得以读到手中的这套活泼而不失厚重、有趣而不失学养的列国人物合传书卷。

① 习近平：《弘扬人民友谊，共创美好未来》，2013年9月7日，习近平主席在哈萨克斯坦纳扎尔巴耶夫大学的演讲。

孔子曰："仁者，人也。"让各国的先贤智者的思想光辉，照亮我们探索人类未来的道路。

传记明志，落笔为文，是为总序。

中国传记文学学会会长

"'一带一路'列国人物传系"编委会总主编

王丽 博士

2018 年 3 月 8 日

General Editor's Preface

The Belt and Road Initiative was conceived in 2013. On September 7, 2013, Chinese President Xi Jinping proposed for the first time the blueprint in a speech at Nazarbayev University during his visit to Kazakhstan:

> Over 2,100 years ago during China's Han Dynasty, a Chinese imperial envoy Zhang Qian visited Central Asia twice to open the door to friendly contacts between China and Central Asian countries as well as the transcontinental Silk Road linking East and West, Asia and Europe.
>
> Shaanxi, my home province, is right at the starting point of the ancient Silk Road. Today, as I stand here and look back into history, I could almost hear the camel bells ringing in the mountains and see the wisps of smoke rising

from the desert. It has brought me close to the place I am visiting. Sitting on the ancient Silk Road, Kazakhstan has made important contributions to the exchanges and cooperation between different nations and cultures. This land has witnessed a steady stream of envoys, caravans, travelers, scholars and artisans traveling between the East and the West. The exchanges and mutual learning thus made possible have contributed to the progress of human civilization.

... Countries with differences in race, belief and cultural background are fully capable of sharing peace and development. This is the valuable inspiration we have drawn from the ancient Silk Road.

... To forge closer economic ties, deepen cooperation and expand development opportunities between Eurasian countries, we should innovate the mode of cooperation and jointly build an "economic belt along the Silk Road".① Considering the interests of the world commnity, taking a broad and long view and leading the new era, in Astana, President Xi, through the people of Kazakhstan, for the first time issued a declaration to the world that the old Silk Road

① Xi Jinping, *The Governance of China* (Beijing: Foreign Languages Press, 2014) 287.

spirit would once again be rejuvenated and radiant.

On October 3, 2013, President Xi brought up this topic again in his address to the Indonesian Parliament under the title "Jointly Building the 21st Century Maritime Silk Road":

> Southeast Asia has since ancient times been an important hub along the ancient Maritime Silk Road. China will strengthen maritime cooperation with ASEAN countries to make good use of the China-ASEAN Maritime Cooperation Fund set up by the Chinese government and vigorously develop maritime partnership in a joint effort to build the Maritime Silk Road of the 21st century. China is ready to expand its practical cooperation with ASEAN countries across the board, supplying each other's needs and complementing each other's strengths, with a view to jointly seizing opportunities and meeting challenges for the benefit of common development and prosperity.①

The two talks framed the full picture of the

① Xi Jinping, *The Governance of China* (Beijing: Foreign Languages Press, 2014) 293-295.

conceptual "Silk Road Economic Belt" and the "21st Century Maritime Silk Road", which are collectively referred to as "The Belt and Road Initiative". Between September 2013 and August 2016, President Xi visited 37 countries (18 in Asia, 9 in Europe, 3 in Africa, 4 in Latin America and 3 in Oceania), giving a full exposition of the Belt and Road Initiative, from its overall framework to various details. The milieus of peaceful and all-win cooperation, financial integration, trade liberalization, and people-to-people bonds dispel the haze of anti-globalization and inject new vitality to the stagnant world economy.

The Belt and Road Initiative has been received with global enthusiasm. On November 17, 2016, all 193 member states of the United Nations unanimously passed the Resolution No. A/71/9 during the 71st Session of the United Nations General Assembly. This resolution endorsed China's Belt and Road Initiative, encouraged UN member countries to participate in the Initiative, and urged the international community to provide a safe environment for the implementation of the Initiative.

The Belt and Road Initiative is not a solo of China, but a symphony of countries from Asia, Europe, Africa and the rest of the world. By observing the Charter of the United Nations, China adheres to openness and cooperation, harmony and inclusiveness as well as policy coordination in order to bolster mutual political trust, reach cooperation consensus, coordinate development strategies, facilitate trade, and introduce multilateral cooperation mechanisms. China has established partnerships with over 100 countries and international organizations with the goal of jointly building a new Eurasian Land Bridge and developing China–Mongolia–Russia, China–Central Asia–West Asia, China–Pakistan, Bangladesh–China–India–Burma, and China–Indochina Peninsula economic corridors by taking advantage of international transport routes, relying on core cities along the Belt and Road and using key economic industrial parks as cooperation platforms. At sea, the Initiative will focus on jointly building smooth, secure and efficient transport routes connecting major sea ports along the Belt and Road, so as to achieve a closer connection and cooperation between land and sea routes, with the Pacific, Indian and Atlantic Oceans frequented by ships and vessels. Meanwhile, the Asia-Pacific Economic Cooperation

(APEC), the Asia-Europe Meeting (ASEM), the Greater Mekong Subregion (GMS) Economic Cooperation and many other regional cooperation mechanisms have included the Belt and Road Initiative in their relevant resolutions and documents.

We shall never forget the countries along the ancient Silk Road: Kazakhstan, the country visited by the Han Dynasty imperial envoy Zhang Qian; Pakistan, China's friendly neighbor bound by mountains and rivers; Russia, a country symbolized by a double headed eagle; Mongolia, the prairie country; Nepal, the paradise on the Himalayas; India, a land blessed by the holy river Ganges; Iran, a country full of cultural treasures; Iraq, the country where the famous *Code of Hammurabi* originates from; Yemen, the gate to the Red Sea; Saudi Arabia, the kingdom of petroleum; Bahrain, the pearl of the Persian Gulf; Lebanon, a country of cedars; Kuwait, a rising star of the Persian Gulf; United Arab Emirates, a diamond on the desert; Qatar, a gem on the Arabian Peninsula; Oman, the gatekeeper of the Hormuz Strait; Byelorussia, a country with myriad lakes; Turkey, the center of the crossroads of Eurasia; Israel, a country full of milk and honey; Ukraine, the granary of Europe;

Italy, the pinnacle of culture on the Apennine Peninsula; Switzerland, a country in the Alps; Bulgaria, the land of roses; Germany, a home to great minds; France, the cultural palace of Europe; Belgium, the drawing room of Europe; the Netherlands, a garden of tulips; Spain, the land of passion; United Kingdom, the country of gentlemen which is breaking from the EU; Egypt, a country of pyramids in North Africa; Ethiopia, the roof of Africa whose national flower is Calla Lily; Madagascar, the island nation where vanilla grows, and so on.

The Maritime Silk Road links Malaysia, a country of forests and gardens; Singapore, the flowery country; the Philippines, the country of a myriad of islands; and Indonesia, the emerald of the equator. Along the Lantsang River down to the south, we will pass Vietnam, the land nourished by the Mekong River; Thailand, a country of thousands of Buddhist temples; Cambodia, the home to Khmer smiles; Laos, the land of a million elephants; Sri Lanka, a bright pearl in the India Ocean; Mauritius, the shining star and key of the Indian Ocean; Brunei, a kingdom of gold and green; East Timor, a nation of independence; Maldives, a paradise in the India Ocean; Australia, the nation riding on the sheep's back; New

Zealand, the back garden of God, and so forth.

In the countries along the Belt and Road, names of distinguished figures, ancient or modern, who have affected the destiny of mankind, who have rewritten the history of nations, and who have had contacts with China, can still be found in today's textbooks, films and TV shows. We can still feel their enduring influence and charm on generations of young people.

Of course, for the Chinese people, the pioneers of the ancient Silk Road are more familiar. Yet, those who have devoted themselves to the building of the new Silk Road equally deserve our respect. In May 2017 during the Belt and Road Forum for International Cooperation, Beijing welcomed thousands of guests from around the world, including heads of state, heads of government, former politicians, business leaders, experts, scholars, and principals of international organizations. They gathered together in the common spirit of solidarity and mutual trust, equality and mutual benefit, inclusiveness and mutual learning, and win-win cooperation, to discuss how countries along the Belt and Road can work together to make the "pie" bigger and shared by all for mutual benefit.[1] This is a big day that should be remembered as a landmark in the history of the Chinese nation and the world.

The Biography Society of China, which makes it its mission to promote biography writing, shoulders the task and responsibility of telling well the stories of friendly exchanges among people of countries along the Belt and Road. This is also the fundamental duty and task assigned to us by our nation. Therefore, through careful investigation and passionate planning, the Biography Society of China decided to publish a hundred-volume series titled *Remarkable Lives Along the Belt and Road*. This project receives support from the China Federation of Literary and Art Circles and guidance from the National Institute of International Strategy of Chinese Academy of Social Sciences. From last winter till this spring, hundreds of experts were working around the clock on the biographies of a thousand remarkable lives. Here the series is presented to you.

As Confucius said, "Humanity is of humans". Let the lights of those great minds and lives illuminate our future

---

① Xi Jinping, "Promote People-to-People Friendship and Create a Better Future", Speech delivered at the Nazarbayev University, Kazakhstan, September 7, 2013.

path of exploration.

Comments, criticism and suggestions will all be appreciated.

Dr. Wang Li

Chairwoman:

The Biography Society of China

General Editor:

Remarkable Lives Along the Belt and Road

March 8, 2018

目　录

Contents

引　言

在1954年的日内瓦会议上，比利时外交大臣斯巴克不顾美国代表的反对，与中国总理兼外长周恩来握手，并且勇敢地同意了中方倡议。这个具有特殊意义的握手，成为当时的爆炸性新闻，开创了中比友谊的未来。

早在20世纪60年代初，当西方国家普遍对华采取封锁政策之时，比利时现任国王菲利普的曾祖母伊丽莎白王太后，以极富政治远见的智慧，在中国处于非常困难之际，毅然踏上中国土地，参观访问了整整三周。回到布鲁塞尔后，王太后还在王宫召开新闻记者会，盛赞中国人民的勤奋和友好，希望两国人民的友谊不断加深。1971 年 10 月 25 日，比利时投票支持恢复中国在联合国的合法席位，并于当天宣布中比两国正式建交。

进入 21 世纪，两国高层交往密切：2009 年 10 月，时任国家副主席习近平访问比利时，并出席“欧罗巴利亚—中国艺术节”开幕式；应比利时王国国王菲利普邀请，国家主席习近平于 2014 年 3 月 30 日至 4 月 1 日对比利时进行国事访问，双方签订了经贸、科技、电信、教育等领域合作文件，开启了在科技创新、节能环保、新型城镇化、互联互通、人文交流等一系列重要领域的互利合作。比利时方面，2013 年 5 月，弗拉奥众议长访华。2013 年 9 月，迪吕波首相出席大连夏季达沃斯论坛。

同时，两国交往增添新的符号：2013 年 9 月，李克强总理会见来华出席夏季达沃斯论坛的比利时首相迪吕波时宣布，中方将向比利时提供一对大熊猫进行合作研究。2013 年 10 月 27 日，比利时耗资 800 万欧元为中国“熊猫夫妇”建新家，它们安家的费用堪比迎接巨星甚至皇家成员访问的开支。大熊猫“星徽”和“好好”于 2014 年 2 月 23 日抵达比利时，同年 3 月，习近平主席在比利时国王菲利普、王后玛蒂尔德、首相迪吕波陪同下，出席天堂动物园大熊猫馆开馆仪式。2016 年 6 月初，大熊猫“好好”在中方专家协助下产下 1 只幼崽。9 月 9 日，彭丽媛教授和比利时王后玛蒂尔德共同就熊猫幼崽“天宝”出生百日向比利时天堂公园院长致信祝贺。

除了外交层面以外，中比在科技、文化、商业贸易等多个方面展开合作。

科技方面，1979 年中比签订《发展经济、工业、科学和技术合作协定》；2012 年，海尔集团与比利时鲁汶大学合作建设了我国第一个海外设计实验室；2013 年，武汉东湖高新技术创业中心与鲁汶大学签署合作协议，共同建设中国第一个海外企业孵化器；2015 年，比利时微电子研究中心同中方签署协议，共同投资建设中国最先进集成电路研发平台。

文化方面，1980 年两国签订文化合作协定，文化合作关系稳步发展；2009 年 10 月至 2010 年 2 月“欧罗巴利亚—中国艺术节”在比利时举办，共推出 500 多场文艺活动；2011 年，在庆祝中比建交 40 周年的框架内，双方举办了一系列文化交流活动；2012 年 2 月，中国文化部分别与比利时弗拉芒大区、法语区政府签署新的文化交流执行计划；2014 年 3 月，习近平主席访比期间正式宣布将在比利时设立中国文化中心，2015 年 9 月，文化中心正式揭牌并投入使用；2016 年春节期间，中国驻比利时使馆同布鲁塞尔市政府共同举办“欢乐春节”盛装巡游活动，拉开了中比建交 45

周年序幕。

商业贸易方面，比利时是我国在欧盟的第六大贸易伙伴，双边贸易额最高峰曾突破300亿美元。近年来，中资企业在比利时的重要投资项目日益增多。2010年5月，上海港务集团成功收购了泽布鲁日港APM集装箱码头公司25%的股权。2010年12月和2011年1月，中国银行和中国工商银行先后在布鲁塞尔设立分行，成为两国金融合作深入发展的重要标志。

中国和比利时之间还有一段感人至深的故事。故事的主角叫钱秀玲，是一位来自中国江南的大家闺秀，被比利时人赞誉为“比利时的中国母亲”。钱秀玲1912年出生在江苏宜兴的名门望族，1929年来到比利时鲁汶大学就读化学系。“二战”期间德军占领比利时，当时德军驻比利时和法国北部战区最高行政长官冯·法尔肯豪森曾在中国担任国民党的军事顾问，与钱秀玲的堂兄钱卓伦熟稔。钱秀玲凭借着这一层关系，多次营救战乱中的比利时人民。战后，钱秀玲被比利时政府授予“国家英雄”的勋章。比利时国王与王后还将一幅最心爱的合影签名后敬赠给她。艾克兴市的市民为了铭记这位巾帼英雄，特意将市中心的一条大道命名为“钱夫人路”。

比利时王国(The Kingdom of Belgium),简称比利时，位于欧洲大陆西部，与英国隔海相望。北连荷兰，南接法国，东南邻卢森堡，东部与德国接壤。国土面积30528平方千米，分为三大地理区域：西部的海边平原、中部的高原以及东部的阿登山脉。

据联合国最新估计，至2018年，比利时总人口达1132万，其中弗拉芒大区人口占57.3%，瓦隆大区人口占32.3%，布鲁塞尔首都大区人口占10.4%，是西欧地区人口密度最高的国家之一。官方语言为荷兰语、法语和德语。比利时是一个多民族国家，主要是弗拉芒族（讲荷兰语）、瓦隆族（讲法语）以及德意志族人（约7.15万人），另外，还有意大利人、荷兰人、法国人、摩洛哥人等。目前在比利时华人约为5万人，约占比利时总人口的4.4‰。大部分华人从事餐饮服务业，经营着2000余家中餐馆，遍布各城市和乡镇。

比利时国旗呈长方形，长宽之比为15:13，旗面从左到右由黑、黄、红三个平行相等的竖长方形组成。国旗上黑色是庄重而具有纪念意义的色彩，表示悼念在1830年独立战争中牺牲的英雄；黄色象征国家的财富和丰收；红色象征爱国者的生命和热血，还象征独立战争取得的伟大胜利。这面旗帜在1831年1月23日被正式采纳为比利时国旗，它最早源自独立战争时期比利时人抗击荷兰统治者时所使用的战旗。比利时国徽制定于1830年，分别有较大及较小两个版本。国徽有黑、红、金三色的特征，中心图案是黑色盾徽上的雄狮。

比利时虽属西欧小国，但在欧洲经济和政治生活中却发挥着重要的作用和影响。其首都布鲁塞尔有“欧洲首都”之称，是欧洲联盟、北大西洋公约组织等多个国际组织的总部所在地，每年有众多国际会议在此召开，另有 200 多个国际机构和超过 1000 个官方团体在此设有办事处。所以比利时也被誉为“欧洲客厅”。

比利时推行积极的欧洲政策，将欧盟作为其外交重要战略依托，主张加快欧洲一体化建设步伐；支持参与联合国维和行动和人道主义援助；重视与美国的关系；主张加强与东欧国家的交往；重视发展与发展中大国和新兴经济体之间的关系；在积极推动发展中国家民主化进程的同时，注意与其保持平稳关系；主张建立多极化的世界新秩序，反对单边主义。认为欧洲应发挥重要作用，承担更多的责任与义务；强调欧洲宪章的重要性，支持欧盟东扩，积极推动欧洲防务建设，认为欧洲防务是北约的必要补充，主张欧洲建立与其经济实力相适应的防务军事力量；主张欧盟成员国施行统一的财政政策，认为欧盟不能只着眼于执行严格的预算纪律，也要注重经济增长和创造就业机会。

比利时的法律规定每个人都享有宗教信仰自由的权利。比利时宗教以天主教为主，其他宗教包括伊斯兰教、基督教新教以及犹太教。天主教信徒占人口总数的 75% ～ 80%，其中有 10% ～ 20% 定期参加礼拜活动。宗教是比利时从荷兰独立出来的一个重要原因，1830 年荷兰南部天主教地区脱离基督教新教争取独立，形成了比利时。因此，比利时也是许多欧洲教派的活动中心。古城布鲁日是一座保存完整的中世纪城市，建筑精美，布局完整，风景亮丽，历史悠久，是宗教信徒的主要活动中心。在比利时，最具影响力的节日就是独立日和国庆日了。比利时的独立日是 1830 年 10 月 4 日，国庆日是每年的 7 月 21 日。国庆日是比利时第一位国王利奥波德一世登基的日子，每年到了这个时候，首都布鲁塞尔都要在皇宫广场举行阅兵式，以壮国威，增强民族凝聚力。

比利时人为人处世谨慎、低调，并且对人真诚，重感情。社交场合很注意各种礼节，姿态端正，举止端庄。比利时人常见的见面礼节是握手礼，与客人相见时，会主动握手并做自我介绍。亲朋好友相见时，习惯施拥抱礼，关系密切的可行贴面礼。比利时人相见时一般称呼先生、女士、夫人和小姐，不过近年来，随着时尚的流行和社会的简约化，也常直呼其名。

比利时是美食王国，在欧洲久负盛名。比利时美食有很多种，其中以各式海鲜贝类最著名，其盛产的贻贝，肥大口味佳，在各种的烹调方式中以白酒蒸贝最能品尝其鲜美原味。在法兰德斯可以捕获到 40 多种鱼类，北海灰虾配番茄是一直被众多外国人倾慕的法兰德斯特有的一道美味佳肴。比利时有300多个知名品牌的巧克力，如瑞士莲、吉利莲、多利是等。比利时有300多种啤酒，其中以Lambic及Trappist最著名，不少菜烹调时加入啤酒，如弗拉芒啤酒炖牛肉等。比利时人大多喝的是啤酒，但也喜欢喝通过蒸馏发酵的麦芽制成的烧酒“热尼耶弗尔”。

从1831年比利时第一任国王利奥波德一世继任以来，比利时快速发展，在诸多领域都取得了显著的成就。无论是以怪诞与优美著名的超现实主义大师马格里特、欧洲近代连环画之父埃尔热、巴洛克画派的代表人物彼得·保罗·鲁本斯，还是诺贝尔文学奖得主、象征派戏剧家莫里斯·梅特林克，以及诺贝尔化学奖得主、物理化学家、布鲁塞尔学派的首领伊利亚·普里高津……这些科学家和艺术家们都为比利时的发展做出了突出贡献。而活跃在政坛上的比利时王国初升的太阳利奥波德一世，备受关注的前首相伊夫·莱特姆，危机中力挽狂澜的标杆人物埃利奥·迪吕波，以及现任比利时国王菲利普都为比利时谱写了一曲曲辉煌的赞歌。本书将通过对这9个比利时人物的素描，让您更深入地了解“欧洲的客厅”比利时。

比利时王国初升的太阳
——利奥波德一世

在比利时的发展史中，由于其在西欧的战略位置的重要性，这片土地自古以来就受到各路兵家的抢夺。从公元前57年开始，比利时就长期被外族人轮番统治，到了14—15世纪建立了勃艮第王朝，随后经历了西班牙、奥地利、法国的统治。1815年维也纳会议将其并入了荷兰。1830年8月25日，长期处在压迫中的布鲁塞尔人民在忍无可忍的情况下发起起义，同年11月18日宣告独立。从此比利时王国正式建立了君主立宪国，制定宪法，并作为一个真正独立的国家开始走上了世界大舞台，而带领比利时人在剧烈变化的格局中站稳脚跟

利奥波德一世

的人，正是统领比利时王国的第一位国王——利奥波德一世。

利奥波德一世（LeopoldⅠ，1790—1865），出生于德国科堡的萨克森－科堡－哥达家族一个公爵之家。他从一个小公国走出来，一步步成为享誉欧洲的萨克森－科堡－哥达家族的首领、谋略家，最终成为比利时的第一位国王。利奥波德一世是德国萨克森－科堡－萨尔菲德公爵的幼子。他首先开始从军，1795 年 5 岁的他竟然升为上校。1806 年拿破仑占领他父亲的公爵领地后他去了巴黎。拿破仑向他提供作为自己的助手的机会，但利奥波德拒绝了。他代替他的哥哥接受了公爵地位而成为拿破仑的反对者。1815 年他晋升为元帅。1831 年 7 月担任比利时王国国王，直至 1865 年 12 月逝世。

1. 传奇人生背后的传奇家族

作为比利时王国的第一位国王，利奥波德一世本人拥有极为传奇的一生。他曾拒绝希腊王位，却在 1831 年登上了比利时的王位。比利时虽然仅仅是西欧的一个小小的国家，国土面积狭小，但是它在欧洲的经济和政治生活中却发挥着重要的作用。利奥波德一世的人生，究竟书写了怎样浓墨重彩的篇章？对于积极探索中国特色之路的我们，又有怎样的启发？

西方人的姓名，总是长长的一串，这是因为他们的名字中，带着他的父亲或者母亲或者祖父母的尊称，以此来展示其家族的历史悠久。利奥波德一世于1790年12月16日出生在一个历史悠久、支系庞大的古老家族——萨克森-科堡-哥达王朝（英语：Saxe-Coburg and Gotha，德语：Sachsen-Coburg und Gotha）。他的全名利奥波德-乔治-克里斯蒂·弗雷德里克就显现了其家族无上崇高的地位。这个神秘的家族起源地是德国，随着其不断地发展壮大，该家族曾经在1826—1918年统治萨克森-科堡-哥达公国长达92年。从1831年至今统治着比利时王国，1853—1910年统治葡萄牙，1887—1946年统治着保加利亚，1901—1917年统治着大英帝国，可谓欧洲的传奇王室。

说起萨克森-科堡-哥达王朝，就不得不提到这个家族古老的父系祖先——韦廷家族。1089年，麦森藩侯在德国萨克森-安哈尔特州的韦廷镇创立了韦廷王朝。西欧的家族往往以一个小镇为基础，创办起一个世袭的土地制度。到了1675年，第一任韦廷王朝的首领，也就是萨克森-哥达公爵恩斯特一世逝世。公爵去世后，他的领土被儿子们瓜分，最终继承萨克森-萨尔菲德公国的是恩斯特一世的小儿子约翰·恩斯。其他被瓜分出去的公国在漫长的发展历史中，因为绝嗣而无人继承。为了不让家族的财产落入外人手中，这些长期被分出去的公国最后全部回到了萨尔菲德分支成员的手中。1826年，各方势力都扩大之后的萨克森－科堡－萨尔菲德公爵开始将自己手中的家族势力进行整合，最后开创了萨克森－科堡－哥达公国，为了彰显自己的丰功伟绩，他将王朝名字改为萨克森－科堡－哥达。为了纪念先祖，该公国成员的私人姓氏依旧保持韦廷。多年以后，正是这个庞大的萨克森－科堡－哥达公国，在欧洲的沃土开枝散叶，孕育了欧洲近代史上的诸多国王，其中一位正是比利时王国的第一位掌舵人——利奥波德一世。

1816 年 5 月 2 日，26 岁的利奥波德在家族联姻的安排下，与当时英国的女王储夏洛特公主情投意合，并在相识不久后就与公主完婚。两人珠联璧合，门第相当，生活幸福美满。然而好景不长，1817 年 11 月 5 日，他的妻子夏洛特公主不幸难产逝世。此番难产事件，不仅没能保住新婚宴尔的夫妇好不容易收获的爱的结晶，也使得利奥波德失去了心爱的佳人，失去了心灵的寄托与支撑，陷入了人生中的黑暗。1829 年，39 岁的利奥波德在一次戏剧演出中，认识了一个长相酷似夏洛特的女演员，并在认识不久后便提出与之结婚。然而出于舆论的反对，利奥波德的这段婚姻既没有进行任何宗教的祝福，也没有举办公开的婚礼仪式。

据相关文献的记载，这个一直处于地下状态的婚姻于1831年结束。这个酷似夏洛特的女演员，打开了利奥波德十几年灰暗人生中久久关闭的心门，带其走出了那段灰暗的岁月，也使其迎来了人生华丽的转折。

出任首任比利时国王后，出于稳定政局的考虑，1832年8月9日，42岁的利奥波德与法国国王路易－菲利普的长女路易斯－玛丽（奥尔良）结婚，两人在婚后生活幸福美满，育有3男1女，除了长子路易－菲利普－利奥波德－维克多－恩斯特不幸早夭，其余的子女都长大成人，继承了父母的衣钵。次子在利奥波德去世后继位，成为比利时第二位国王，于1865—1909年执政，被称为利奥波德二世；三子是第三任比利时国王阿尔贝一世的父亲——菲利普－佛兰德伯爵；女儿玛丽－夏洛特于1857年与墨西哥皇帝马西米连诺一世结婚。利奥波德一生勤勉，子女们也都异常优秀，完美继承了他的优良家风。

到此时，萨克森－科堡－哥达公国已经从一个小公国发展成为遍布欧洲的萨克森－科堡－哥达家族，而利奥波德也完成了其人生华丽的转折，成为众望所归的萨克森－科堡－哥达家族的首领，一位成功的谋略家。作为比利时王室的第一位掌舵人，他从1831年到1865年都在为比利时的内政外交操心操力，在位时长一共35年。

人类追求自由、平等和民主的脚步发展到21世纪的今天，在这个日渐浮躁的年代，官二代、富二代的负面新闻层出不穷，让人不禁追忆起那个时代贵族王室的风采。作为王储的丈夫，一度被推举为希腊国王，到最后成为一代开国君主，利奥波德一步一个脚印攀登自己的人生高峰。与其说，是他的家族给予他坚实的后盾支撑，让他打开新世界的大门，不如说，这个一生努力奋斗的人，以无可复制的英雄经历为自己的家族增添了辉煌灿烂的一笔。后人忆往昔，无不赞叹这个传奇的家族和这位传奇的国王。1831年7月21日利奥波德面对比利时宪法宣誓的画面给了多少人自由的遐想，这一天成为比利时王国的国庆节。每当7月盛夏，即便这里是海洋性气候区，断断续续下着雨，人们总能想起这轮冉冉升起的太阳，英姿飒爽，神采奕奕。

2. 丧妻之后的智慧抉择

纵观世界近代医学史，在医学进步的过程中，人类总是在一次又一次残酷的尝试中才终于了解到了事情的真相，终于一步步走向文明，获得生命的尊严。1817年11月5日，利奥波德一世的妻子夏洛特公主不幸难产逝世。作为英国王室的第二、第三顺位继承人，由于医疗条件的限制，这对母子双双死于难产。这场灾难给当时日渐衰落的英王室带来了沉重的打击。后来，负责为公主接生的产科医生理察·告罗夫爵士在风波平息3个月后自杀。更为严重的是，这个突如其来的噩耗给年仅27岁的利奥波德带来了毁灭性的打击，本期待着上天用爱恩赐这个幸福美满的家庭，不料却在怀揣着巨大希冀的时刻，竹篮打水一场空。本该是风华正茂的年纪，老天却偏偏开了个天大的玩笑。然而也正是这样一段难以言说的心殇过往，让年少成名、一路顺畅的利奥波德感受到了逆境的压迫。

公主的去世，牵扯出了彼时英王室心力交瘁的不利局面。风雨飘摇的1817年，尚在王位的英王乔治三世年老体弱，身体欠佳，已经无力打理朝政。老国王早在7年前就通过国会立法，任命日后的乔治四世，也就是此时的王储长子为摄政王，担负起国王的重大责任。然而对于实行终身国王制的君主立宪制国家来说，国王的儿子在等待继位的漫长时期内，早已变得跟国王一样年老体衰（上一任君主短命除外）。乔治四世在接任摄政王的时候，也已经年过五旬，到了享受天伦之乐的年纪，这位王储的婚姻生活不愉快，接近或肯定将再无所出。这个时候，英国人的长远眼光顺势锁定了皇位的第二继承人，乔治四世的独生女——夏洛特公主。这个时候，正好是利奥波德和夏洛特相处准备结婚的期间，为了让广大的民众安心，1816年5月2日，利奥波德在伦敦举行了盛大的婚礼，迎娶了备受民众爱戴的夏洛特公主。这对王子公主的浪漫结合，成为当时王室的一段佳话。两人婚后的幸福生活也被国人持续关注着，情投意合的利奥波德夫妇在结婚后不久，就宣布了公主已经怀孕的喜讯。虽然此前多有传出，仅仅20岁的公主已经多次小产，然而这一次，确实是真的怀孕成功。消息一经传出，全国的民众，上至王公贵族，下至平民百姓，都异常的兴奋。这也意味着，如果不发生意外，他们喜爱的夏洛特公主和她腹中的婴孩在日后将分别成为英国的国君。这对开枝乏力的英王室来说，无疑是一件举国欢庆的大喜事。

王室为重要的生产提前做了准备。鉴于夏洛特公主的体质情况，英国王室雇用了当时颇具名气的产科医生理察·告罗夫爵士。告罗夫按照当时的产科知识，在夏洛特怀孕期间进行定期放血，以期通过放血刺激身体机能改善，并且监督夏洛特进行节食，开医嘱让夏洛特服食轻泻药。这些医疗措施与现代医疗相差很多，也并不科学，事实上为情况恶化埋下了伏笔。在夏洛特安胎的过程中，她的身体状况一直很好，她本人也很乐观，所以这些医疗措施蒙蔽了王室判断，使他们相信医疗措施有效，对生产过程的复杂性掉以轻心。

1817 年 11 月 3 日，众人以为已经准备充分的生产开始了。夏洛特的羊水囊破裂，开始了长达 50 个小时的分娩。对于生产中的女性来说，每一秒都是煎熬，夏洛特不得不在漫长的分娩中经历两次煎熬。第一期宫缩从当天 7 时一直持续至次日晚上 9 时，长达 26 个小时。由于母体子宫收缩不规律，进展十分缓慢。尽管主治医师告罗夫请了另一位医生约翰到场作顾问，也没有改善这一情况。夏洛特的第二次宫缩持续了 24 个小时。在自然分娩的情况下，子宫分泌物变成绿色，表明婴儿有极大的可能已经死亡。彼时医学不及现在发达，主治医生告罗夫并未处理过此类医疗事故，只能任由夏洛特自然生产。夏洛特最终拼尽一个母亲的全部力气，顺产出一个 9 磅重的男婴，但男婴早已死亡，连脐带也已变成黑色。

漫长的分娩透支了夏洛特公主的体力，分娩结束后，初时看来身体状况仍然良好。告罗夫医生成功地将胎盘从子宫移除，夏洛特的子宫亦已开始收缩。然而情况迅速恶化，在 3 个小时后，夏洛特便开始出现头晕呕吐，而后呼吸困难、精神错乱，最后撒手人寰。

不幸，有时候就是这么突然地降临。有人说，英国王室的两颗明星就这样陨落了。被世人爱戴的夏洛特公主，那个一颦一笑尽显大家风范、寄托了英国人美好希冀的王室储君，就这样带着人们的深深眷恋与万分不舍离开了。她走得那样悲情，长达 50 多个小时的痛苦折磨，给这位 20 岁的少女带来了撕裂般的摧残。然而作为一个母亲，在 50 多个小时的漫长分娩中，她没有放弃。一次，两次，每一次都拼尽了生命中最为赤诚感人的爱的力量，每一次都承担了生命中不能承受的分娩之痛。然而她还是走了，带走了她和利奥波德爱的结晶，也带走了利奥波德火热温暖的心。

一下子失去了生命中最为挚爱的人是一种怎样的体验？对于利奥波德王子来说，简直就是生不如死。利奥波德陷入了极度悲伤的境地，他悲痛地写下："我生命中最为重要的两个人，寄托着英国两代皇室希望的继承人，一下子就全部都消失了！"英国著名浪漫主义诗人拜伦在他的长诗《恰尔德·哈罗尔德游记》第四章中，深情描述了当时英国人对夏洛特去世的伤感。

河面上充满了从遥迢的天庭降临的容光；
水波上的各种色泽从斑斓的落日以至上升的明星，
都将它们奇幻的异彩散发、融合；
呵，现在变色了：
冉冉的阴影飘过，把它的帷幕挂上山峦；
临别的白天仿佛是垂死的、不断喘息的海豚，
每一阵剧痛都使它的颜色改变，最后却最美；

终于——完了，一切没入灰色。

万分悲痛的利奥波德深知，公主的离世，必然会让负责接生的告罗夫医生受到不小的牵连。医生的尽职尽责他都看在了眼里，于是，在事后第一时间里，利奥波德就公开向告罗夫医生致谢。然而，事情却并没有向他希望的方向发展，毕竟是两位王室继承人接连逝世的噩耗，不论是王室还是民众，都无法停止对告罗夫的极度质疑。谣言像洪水猛兽般扑来，甚至有传言，夏洛特公主生产时医生正在睡觉！为了解释疑团，还医生一个清白，给大众一份交代，王室不得已下令对公主生产展开调查。经过一番快速调查后，结果很快就出来了，各方证据都证明医生在事件中没有疏忽，每个人已用尽人力范围及科学知识内的一切办法去挽救夏洛特公主及王子了。然而此时，告罗夫所受的压力异常巨大，以至于在3个月后的一个晚上，告罗夫前往王室牧师家为其夫人接生时，还是不能原谅自己的过去，被牧师发现时他已死在床上，手上持枪指着头。告罗夫已自杀身亡。

这是当时医疗条件简陋的悲剧，也是英国王室的悲剧，更是年轻的利奥波德一生都无法直面的悲剧。斯人已逝，成长在复杂大家族中的王公贵族们，在悲痛还没化解、郁结在心之时，已经要开始面临着更加棘手的王位继承问题。

第二、第三继承人的相继离世，彻底改变了英国王位继承的现状，使得局势更加紧张。虽然在位的老英王乔治三世膝下育有 9 个儿子和 6 个女儿，然而在诸多子女中，只有王储已结婚生女。而国王的其他几个儿子中，只有二王子已经结婚，但是年迈的他至今没有子嗣。六王子萨西克斯公爵由于一些不良事件的影响，婚姻不被承认，被自动排除了备选。剩下的诸位王子均尚未结婚。纵观乔治三世第三代继承人，除了夏洛特公主以外就再没继承人了。眼看着现任的王储也将没有子女，这个时候继承王位的责任将落在那些年近半百的王储弟弟身上。王室的王位继承权在不稳定的情况下，是十分容易引起一场场矛盾纠纷的，国王的各位兄弟们在夏洛特公主不幸离世后，出于各自的利益，开始拉帮结派，竞相在欧洲觅识贵族公主，想要在短时间内结婚产子。

与此同时，还未及而立之年的利奥波德王子，已经洞察到了风向的转变，顺势做出了其人生中的又一次智慧抉择——不顾众人的反对，撮合他的姐姐维多利亚和乔治三世的第四子肯特公爵（爱德华王子）步入了婚姻的殿堂。在爱德华王子年届五十岁之时，也就是 1819 年，利奥波德的姐姐诞下维多利亚，成为王室下一代的继承人。18 年后，维多利亚公主继任其三伯父威廉四世之位，最终成为受国人尊敬爱戴、统治大英帝国长达 63 年的维多利亚女王。这一步，犹如在黑暗中航行，最无助时忽然看到了前方明亮的灯塔，虽然失去爱人让利奥波德心灰意冷，然而其睿智的头脑早已在须臾之间洞察万象，为其日后的大展宏图增砖添瓦，埋下了辉煌的一笔。

3. 动荡与危机中升起的一轮红日

比利时王国在西欧大陆起步并不早，但确实能算得上是后起之秀。1830 年，法国爆发七月革命，在此影响下，比利时也爆发了一场在近代历史上影响深远的资产阶级革命。与法国七月革命“光荣三日”取得胜利完全不同，比利时革命并没能一帆风顺地完成，而是在经过了数月的军事和政治斗争，以及长达 9 年的外交谈判后，才最终取得了民族的独立。而这一切，要从比利时地处西欧中心，历来是兵家必争之地的动荡历史说起。

比利时王国与法国的矛盾由来已久。1794 年 6 月 26 日，7 万法军与占领比利时的 5 万奥地利军开战，此战法军大获全胜，这也将此后 20 年比利时的命运与法国紧紧联结在一起。然而毫无疑问的是，这是一次有偿的救助，一个大国将比利时从火坑中拉起，却也将其推入了另一个火坑——法国想要吞并比利时。1794年8月31日，法国将本国的司法、政治、宗教等国家组织体系一股脑地搬到比利时。在政治方面挑选温和的保守派加以委任；宗教上，打压正统派教，实施宗教国家化；同时还在比利时大举征兵。本以为法兰西民族自由的风吹到了比利时，然而后知后觉的比利时人还是在长达21年的剥削和压迫中，认识到了法国政府的压榨和掠夺。1815年，如梦初醒的比利时人在长期的不满和抵制之中奋起反抗，法国在比利时的统治彻底垮台。曾经梦想中的自由解放者现在竟然成了自家门里的强盗，大量的比利时人成了拿破仑政权的炮灰，比法关系迅速恶化。

脱离法国后，比利时与荷兰、卢森堡成立荷兰王国。然而，比利时人民在追求自由民主的道路上总是充满坎坷。三国的合并，本身就是英国为了对抗法国而肆意操作的大国牺牲品。英国从自己的利益出发，在它看来，比利时王国与尼德兰荷兰本身就有一大部分人是来自同一个民族，虽然两国人民在历史上经过了很长时间的分离，但他们在风俗、习惯、语言等方面还是具有很大的相似性的。因此，在内政外交的考量之下，英国将与自己关系密切的荷兰推到外交博弈的前台，打算支持荷兰的利益。然而，在整个欧洲旧势力复辟的国际大背景下提出的这一计划，本身就忽视了法国革命以来的民族主义和自由主义的趋势，低估了资产阶级和社会下层对政治和社会保障的强烈需求，并且牺牲小国的利益以保持大国的势均力敌及恢复欧洲旧有秩序，本身就是逆历史潮流而行的，再加上比荷两国内部深层的敌意、不满和憎恨等不和谐的因素，使得两国间的矛盾不断加深。

这些涉及政治、经济、文化、宗教等诸多因素的历史问题，最终在1830年井喷式地爆发了。适值当时法国爆发了七月革命，法国人民发动起义推翻了波旁王朝的消息很快传到了比利时。在布鲁塞尔的大街上出现了很多煽动性的布告，街上贴满了“荷兰人去死”“国家分治”的标语。一场比利时人追求“自由”“平等”“博爱”的资产阶级革命，在人民的广泛参与中自上而下爆发了。11月，比利时举行了国民会议代表的选举，选出的200名国民会议代表在布鲁塞尔集会，于11月18日宣布比利时脱离荷兰独立。

独立后的比利时王国急需一位开明能干的君主。在国王的选择上，国会议员起初进行了一系列投票选举，先是将目光锁定在了法国王子身上，然而法国国王路易·菲利普考虑到此举易陷入战争的危险而最终拒绝了。最后，比利时人主动将王位献给了萨克森·科堡的利奥波德王子，即比利时的第一任国王。早在1830年10月，比利时国会问利奥波德是否愿意成为比利时国王。利奥波德不仅拥有强大的家族支撑，并且其在十几年前与英国王室亲密的关系也为其奠定了坚实的基础。这样一位德高望重、在大国面前都让人敬佩三分的家族首领，足以带领比利时王国从动乱中走向平稳，从危机中转危为安，带领国家走向富强。

1831年7月17日，利奥波德回到比利时。7月21日，他向比利时宪法宣誓，就任比利时国王，这一天从此成为比利时王国的国庆节。还真别说，由于迷信停战协定，比利时人放弃了保障他们自身安全的措施。旁边的荷兰虎视眈眈，随时准备入侵比利时。就在利奥波德登上王位的1周后，荷兰国王集结了一支8万人的军队进军比利时。在敌强已弱的情况下，亲自带兵上战场的利奥波德一世，没有为了逞一时之快弃自己的军民于不顾，而是当机立断在伦敦会议上请求支援，暂时放下历史偏见向法王求援。法国军队迅速将荷兰军队逼退，战事停止了。

从比利时王国独立，利奥波德一世登上王位开始，这位异国国王就誓死与比利时人民共进退。有战事，带兵上；有谈判，带人谈！只要是事关比利时人民的事，事关民族大义，就坚决不妥协。欧洲局势纷繁复杂，没有人比他更清楚如何斡旋在列强之间，如何与荷兰国王争辩。和平是首位的，但利益面前决不妥协。利奥波德一世深知，比利时作为一个后起小国，更应该懂得在机会和难关面前，把握分寸，知难而上。多少次列强的威逼利诱，多少次敌国的咄咄相逼，都没能让利奥波德妥协。既然担起了这个国，就一定要真正为国家负责。事实上，在长达9年的谈判中，他做到了。双方终于在1839年达成和平协议，荷兰承认比利时的独立。

1830年比利时革命成功后，第一任国王利奥波德一世带领比利时人民收获了梦寐以求的民族和国家独立，加强了比利时民族的向心力和凝聚力，同时也为后来的工业革命扫清了障碍。利奥波德一世赞成和帮助建立了欧洲大陆上的第一条铁路（从布鲁塞尔到梅赫伦）。1835年5月5日，他参加了这条铁路的通车典礼。1840年他促成了维多利亚女王的婚姻。1842年他试图发表一个控制妇女和儿童劳工的法律，但被议会否决。由于他的外交和内政上的妥善处置，欧洲1848年革命没有波及比利时。此后，比利时在政治上走上了君主立宪道路；在经济上迎来了第一次工业革命的高潮，成为英国与欧洲大陆工业革命互动的桥梁。利奥波德一世曾无比自豪地对比利时的外交家梅特涅说：“我们国家虽小，但政治影响并不小。”是的，一点都不小。在各国历史中，通过暴力进行革命的国家不在少数，革命成功后稳定政权的却是屈指可数。

4. 纪念币上的丰功伟绩

略微研究比利时历史又懂古玩的人，一定都没有错过比利时人民珍爱的一系列精美的纪念币，其中最常见的面孔，正是被称作比利时上空第一次升起的那轮红日——利奥波德一世国王及其王后。

这是一枚比利时布鲁塞尔与法国铁路贯通典礼章。这一枚小小的纪念章背后，传达的是比利时人开拓进取、不断创新的品质。在欧洲大陆上，比利时王国的铁路成绩是非常值得自豪的，它是第一个开始自主建造并且在短时间内将铁路铺设到四面八方，最后构建了一个贯通的网络式交通枢纽的国家。四通八达的铁路网络，日新月异的客货流量，都促进了比利时经济建设的飞速发展。至 1842 年，比利时国家政府基本上完成了自己国家境内铁路网络的修建工作，并且将经营权出售。这也意味着铁路运营开始私人化。在资产阶级的上升时期，这样市场化的运营带给了比利时人民丰厚的回报。而这一切是在利奥波德一世舌战群儒、力战群雄之后，以富有前瞻性的眼光大胆做出的决定。正是这个决定，使得比利时在长达 9 年的消磨式谈判后，仍能奋起直追，成为西欧重要的资本主义国家之一。

到了 1900 年，比利时铁路的密度已经达到了每平方千米有 170 米的里程数，远远高于同时期英格兰 103

米、德国 79 米和法国 70 米的每平方千米的密度水平。这些铁路直到今天，仍在造福比利时人民和欧洲人民，这也是直到今天，仍有人在怀念昔日国王的原因之一。

这枚纪念章，是发行于 1850 年的比利时王后纪念章，人物正是比利时的第一任王后，利奥波德一世之妻——路易斯·玛丽。她是利奥波德一世的第三任妻子。1817 年 11 月，利奥波德的第一任妻子夏洛特公主难产后逝世，直到 1829 年才与一个酷似夏洛特的演员结婚。由于社会上的反对，这段婚姻没有举行公开的婚礼和宗教仪式。据文献记载，这段婚姻于 1831 年结束。1832 年 8 月，他与路易斯·玛丽结婚。路易斯·玛丽出生在法国王室家庭，是路易·菲利普一世的女儿。这位公主出生在 1812 年的动乱年代，1850 年因病离世。有意思的是，她的女儿在成年后嫁给墨西哥国王，也是一位王后。这王后的名字，正好是叫夏洛特。看到这个名字，不禁让人回想起几十年前死于难产的夏洛特公主，也许在为他们的女儿起名字的时候，利奥波德心中仍然在想念那个年轻动人的美丽女子。然而，这并不代表他对玛丽的不忠贞，相反，两人在爱情上很坦诚，并且玛丽非常理解与包容丈夫的过去。也许正是因为这份相互尊敬之情，这对半路夫妻一直相敬如宾，婚姻幸福。玛丽是利奥波德的贤内助，是人民爱戴的比利时王后。人们对这位美丽王后的赞叹，也正是对其君主的无限崇敬。这位旷世佳人，从法国来到比利时，用尽一生，投身于这个国家的繁荣兴旺，为比利时王国在经济、政治、文化等方方面面的快速发展奠定了坚实的基础，令人尊敬。

纵观如今的欧洲大陆与世界格局，不难发现，比利时在各个方面都做得很好。在欧盟和北大西洋公约组织中，比利时是为数不多拥有较高话语权的创始国之一。它的首都布鲁塞尔，虽然仅仅是一个弹丸之地，却是大批的组织总部，包括欧盟、北约。这个首都，也被冠以了“欧洲首都”的美称。每年众多的国际会议在布鲁塞尔召开，为这座小城带来了长盛不衰、永葆青春的鲜活力量，而它也在长期的历史中，一直扮演着极其重要的角色。可以说，比利时在欧洲经济和政治生活中的地位都不容小觑。

“时势造英雄”，人类历史上各个国家的发展都经历了一个动乱的年代，在危机与动荡之中，能够有人出来主持大局并有条不紊地带领民众走向光明，是一件非常自豪的事情。利奥波德一世就是这样一个在历史的洪流中顺势而出、把握机遇、掌握命运、改变世界的人。将他比作比利时上空初升的太阳一点都不为过，毕竟王室百年来传承的凝聚国民力量的优良传统，为国民操碎了心的敬业精神，都值得后人敬仰与学习。

王国的灵魂人物
——菲利普·利奥波德·路易·马里

菲利普·利奥波德·路易·马里(Philippe Leopold Louis Marie, 1960—),王号腓力一世,现任比利时国王。2013年7月21日,阿尔贝二世正式退位,菲利普宣誓就任比利时第七任国王。比利时王室一直以默默无闻著称,新国王菲利普更是一贯低调,他曾就读于斯坦福大学和牛津大学,在服役时获得比利时空军战机驾驶证。由于他生性内向、不喜交际,人们看到的菲利普不是在乡间骑车,就是在林中散步。

比利时王国是君主立宪制度的代表国家之一。从1831年利奥波德一世任第一任国王以来,至今已经有7位国王

菲利普·利奥波德·路易·马里

相继接任了王位。作为拥有3种官方语言的比利时王国来说，国家自始至终面临的最大问题就是国家的分裂，人民的矛盾问题。而比利时王国的帆船前行至今，一直保持着高速发展的运行轨迹，不得不说，这其中的很大功劳都在于国王发挥的领导作用。而比利时现任国王菲利普·利奥波德·路易·马里更能称得上当今比利时王国的灵魂人物，正是他的卓越贡献和影响，才使比利时王国在近年国际金融危机的大环境下能够保持持续高速向前发展。

菲利普国王与中国有着千丝万缕的友好联系，这位从担任王子起就8次来华访问、继任国王后的首次国事访问也是来到中国的比利时国王，在中比两国人民心中都有着崇高的地位。作为比利时王国灵魂人物的菲利普国王，其温润如玉的性格、力挽狂澜的作风，值得我们仔细品鉴。

1. 20世纪的最后一场世纪婚礼

在当今世界上，实行君主立宪制的国家不在少数。说起这样政体的国家，也许最能吸引人们的，莫过于其保留至今的王室血统了。每个人年轻的时候或许都有一个王子梦或者公主梦，期待能够在古老的城堡中与心爱的公主或者白马王子相遇，在唯美浪漫的夕阳下开启一段跨越世纪的甜蜜爱恋。2011 年英国威廉王子和凯特王妃的世纪大婚完美地实现了全世界人民对于王子和公主的美好幻想。而早在 1999 年，比利时王国也为全世界人民呈现了一场世纪婚礼，主角就是现任比利时国王和王后：菲利普国王和玛蒂尔德王后。

菲利普国王全名菲利普 · 利奥波德 · 路易 · 马里，1960 年 4 月 15 日出生在比利时首都布鲁塞尔。他出身于一向低调的比利时王室，虽然从一出生就贵为王储，然而这位英俊帅气的比利时王子却生性内向、不喜交际。他有着自己充实饱满的生活，喜欢亲近自然，保持健康生活。无论他在哪里，人们常常能看到菲利普国王骑着自行车徘徊在乡间的小路上，或者一个人漫步在茂密的树林中。他的生活简单朴实、绿色环保，完美承袭了比利时王室的低调风格。相比于其他贵族子弟们经常出入夜店、花天酒地并时常登上报纸头版，这位王储从一出生就低调得像个平民。

而他的妻子玛蒂尔德，就是童话故事里一般会出现的那位美丽善良、活泼开朗，带给王子幸福生活的女主角。1973 年，玛蒂尔德出生于比利时皇家天文台所在地于克勒，她的父母是德阿科帕特里克伯爵夫妇，是一出生就生长在比利时的贵族姑娘。玛蒂尔德是一位语言治疗师，她不仅精通比利时三种官方语言，还能说英语和意大利语，并且非常喜欢到处走走，环游世界。她与菲利普的相遇，不得不说是一场旷世奇恋，让人艳羡景仰。

1996年，菲利普和玛蒂尔德在罗马的一次聚会中偶然相识。正是这一次浪漫的相识，让菲利普瞬间陷入爱河，不能自拔。那个时候，菲利普已经36岁了，由于他一直未婚，且生活简单低调，比利时的媒体记者们都在猜测他们的王储的性取向，一时间有关小道消息传得沸沸扬扬。然而对于外界的传言，菲利普并没有过多的理会，因为他自己清楚地知道，他多年未娶，只是因为还没有等到真正喜欢的人。而正是在此时此刻，在遇到玛蒂尔德的时候，菲利普清楚地认识到，他等的那个人，苦等了多年的那个人，终于出现了。

彼时的玛蒂尔德居住在比利时巴斯托涅，对于刚刚在罗马聚会上认识的潇洒英俊的比利时王储，她还只是当作认识了一位帅气有教养的王室成员，并未做过多的幻想。然而，她未曾料到的是，此时的菲利普已经认定了她就是自己相伴一生的人，并且在聚会以后，这位一向被外界认为内向低调的王储，就频繁地出现在她的家门口，频频示好，很明确地表达着自己的爱慕。

此时的玛蒂尔德年仅23岁，刚刚以优异的成绩从布鲁塞尔玛丽哈普斯研究所毕业，入职布鲁塞尔的一所私人办公室，担任语言治疗师。这位情窦初开的贵族少女在遇到菲利普的穷追不舍后，先是感到诧异，后来在确定王储并非一时兴起之后，大方地承认了自己也喜欢他，两人便双双坠入爱河。大概这就是童话故事里最完美的王子和公主的美好爱情吧。一向腼腆内敛的菲利普在遇到玛蒂尔德后，主动展开了大胆的追求；而热情开朗的玛蒂尔德在遇到菲利普后，不断用自己的活泼可爱融化着他的真心，两人在互补中完美的组合，谱写了一曲浪漫的爱情赞歌。

两人在浓情蜜意中度过了 3 年的相恋时光，到了 1999 年，正值比利时王室遭遇了一次罕见的丑闻危机。一向以低调、循规蹈矩著称的比利时王室被曝出，当时的比利时国王，菲利普王储的父亲阿尔贝二世有两个私生女。消息一出，舆论哗然。广大民众不能接受他们的国王拥有如此不堪的私生活，王室的“丑闻”传得沸沸扬扬，第一家庭长久以来在广大比利时国民心目中建立起来的恩爱和睦的形象被国王的不贞淹没，取而代之的是民众对王室的不信任和不支持。一向支持王室的保皇主义者们在此事中受到了极大的震动，开始表现出了一丝的松动。国王阿尔贝二世矜持地选择了保持沉默,不对“丑闻”进行过多解释。与此同时，保拉王后站出来力挺自己的丈夫，表示相信自己的丈夫并未做过对不起自己的事情。这一辩白，令当时的媒体记者们捕风捉影，夸张地认为王后会说出这样的辩白是因为她本人也做过对不起国王的事情，王室丑闻事件不断扩大。

说起当时的国王阿尔贝二世和保拉王后，他们的婚姻也是颇为坎坷。年轻时的阿尔贝二世还只是一位王子，他和保拉王后是在梵蒂冈参加教皇的加冕仪式时相识，并一见钟情坠入爱河的。阿尔贝王子在觅到佳人后立马宣布在拉肯大城堡订婚，同时欣喜地想要在梵蒂冈举办婚礼，并邀请教皇为之主持婚礼。但是，出于比利时王室的形象考虑，他的此举遭到比利时政府的反对。不得已，婚礼在布鲁塞尔大教堂举行，年仅 22 岁的保拉穿着自己设计的婚纱嫁给当时的比利时王子阿尔贝二世。本是浓情蜜意的甜蜜夫妻，却不想在几十年后遇到了如此的家庭丑闻，对于公众来说，不相信与不能接受都占了很大的比重。比利时王室走到了舆论的风口浪尖上。

此时，常年被误解的王储菲利普站了出来，决定为挽回王室的形象做一些事情。他认为，现在王室的丑闻事件本来就是子虚乌有的事情，而他需要做的就是转移无聊媒体和盲目大众的视线。于是，在非常恶劣的情况之下，菲利普大胆地宣布了他跟玛蒂尔德的恋情。正是这个重大喜讯，给一筹莫展的王室带来了非常重要的转机。

在王室丑闻爆发的漫长时光里，王储菲利普陷入了不可避免的困顿中。玛蒂尔德在这段时间里，一心一意地陪伴着这位少言寡语的王储，她就像是菲利普久旱时遇到的一股清泉，滋润了王储日渐烦躁的心。两人在此次事件中坚定了在一起的决心。曝光后的玛蒂尔德瞬间增添了王室在比利时民众间的威望，受到了大家的喜爱。这位王妃不仅貌美如花、乐观向上，更重要的是，她是第一位土生土长的比利时王妃，这更增加了民众对她的喜爱。

1999 年 12 月 4 日，20 世纪全球王室举办的最后一场世纪大婚在比利时举行。听闻这一消息，20 多万比利时人自发从全国各地涌向布鲁塞尔，前去参加菲利普王子和玛蒂尔德王妃的世纪大婚。12 月，比利时的天气并不暖和，20 万民众在寒风中依旧不减观望婚礼的热情，热心的粉丝手举着菲利普和玛蒂尔德的照片，挥舞着比利时国旗，脸上洋溢着幸福的笑容，等待着这场世纪婚礼的开始。

这场大婚有效缓解了比利时王室的窘境，无论是官方媒体还是娱乐八卦记者，都把关注的目光集中到了玛蒂尔德王妃身上。这位举手投足之间都尽显优雅的比利时王妃一时间成为各种新闻媒体上的风云人物。而这场世纪末的王室婚礼，也为人们留下了可圈可点的美好回忆。来自欧洲、亚洲的 1200 名王室成员参加了这场世纪婚礼，荷兰女王、丹麦女王、瑞典国王、欧盟主席等都为两位新人送来了天长地久的祝福。两位新人婚礼的宣誓词使用荷兰语、法语、德语3种语言宣读，整场婚礼进行了12个小时才最终结束。

可以说，从玛蒂尔德与菲利普相识以来，两人在你知我知旁人不知的状态下相处长达3年，直到1999年9月10日订婚，这两位新人之间的传奇浪漫爱情故事以及他们于12月4日举行的世纪末婚礼，才受到媒体的广泛关注。比利时大大小小的新闻媒体都在连续报道,不断深挖两人之间的历史渊源。人们最为关注的，仍然是在比利时成立至1999年的169年的历史中，还从来都没有一位王后是比利时人。那么如果菲利普王储继任王位，玛蒂尔德将成为首位比利时本土长大的王后，这样的身份使得比利时人对王室重新燃起了敬意。在王子大婚后，有多家媒体对民众做了一项关于王室大婚的调查，结果显示，比利时有60%的人表示支持王室的存在。这两位偶然邂逅、在困难中站出来的新人，经历了一系列动荡不安后，终于获得了幸福圆满的生活，并使比利时王室重新获得了民众的支持。1999年的这场世纪末婚礼，可以说是比利时王室迎接新世纪的一个最好的开篇礼物。

2. 第一位接受禅让继位的国王

1999 年举行婚礼后，菲利普夫妇育有四个孩子：长女伊丽莎白公主、长子加布里埃尔·博杜安·夏尔·马里王子、次子埃曼努尔·利奥波德·纪尧姆·弗朗索瓦·马里王子以及次女埃莱奥诺雷公主。菲利普居于王储之位又过了 14 年，到了 2013 年 7 月 21 日，老国王阿尔贝二世因身体状况，在 79 岁的时候宣布正式退位，并将皇位传给了他。这样一来阿尔贝二世成为比利时王国历史上首位主动退位的君主，而他的儿子也成为比利时王国历史上第一位接受禅让继承王位的国王。在 2013 年比利时建国 82 周年的国庆日上，53 岁的菲利普·利奥波德·路易·马里携玛蒂尔德王后宣誓就任比利时第七任国王及王后，王号腓力一世。

说起菲利普国王继任王位，还有一个小插曲。理论上来说，他应该是继任比利时的第六任国王而非第七任。早在 1971 年，他就被立为比利时的王储，不过当时定下他为王储的人并不是他的父亲阿尔贝二世，而是他的伯父博杜安国王。由于当时在任的第五任国王博杜安国王和王后法比奥拉在任期间没有子嗣，所以博杜安国王就将自己的亲侄子菲利普立为王储，使其成为第一继承人。

由于从小就被确定为王储，菲利普在很小的时候就开始接受正统的国王式的教育。他从18岁开始，就前往比利时皇家军校就读，在校期间学习刻苦，展现出了在空军领域的卓越成就。在比利时皇家军校的3年时间里，他凭借着优秀的驾驶技能获得了比利时空军战机的驾驶证，娴熟地掌握了驾驶飞机和跳伞技能。在比利时空军服役期间，由于勤奋刻苦和出色的表现，他在极短的时间里就得到广大军民的认可。1981年，21岁的菲利普顺利从比利时皇家军校毕业，拥有了皇家军事学院的毕业证。之后，他在伯父的安排下先后进入斯坦福大学和牛津大学深造，开始攻读政治学。在外深造的日子，他潜心学术，并未有任何的花边新闻，两年后，便取得了两校的硕士学位。后来，他又去巴黎研修历史，成为一个文武双全的标杆人物。

学成归来的菲利普王储受到了国王的大大赞赏，由于他性格内敛不张扬，又谦逊稳重识大体，在王室中受到了大家的一致好评。从巴黎毕业后，他入住利涅宫，正式开始帮助他的伯父处理一些日常的国事政务。博杜安在世期间，经常带着菲利普参与国内外的大小事宜，参加各种会议，让他出席一些国内外的礼节性活动，有意识地培养其处理国家烦琐事务的能力。在博杜安国王的带领下，他逐渐在比利时政坛崭露头角，被人们尊称为“少年国王”。

本来摆在菲利普面前的路是一条平坦的康庄大道，

然而历史却偏偏让这条路出现了分岔路口。1993 年，博杜安国王心脏病发作，医治无效不幸离世。在其死亡 22 小时后，一件改变历史的事情发生了。时任比利时首相的让·吕克·德阿纳在电视上公开宣布："继任比利时国王的人不是王储菲利普，而是博杜安国王的亲弟弟——阿尔贝亲王。"消息一出，举世哗然。民众都在猜测比利时王室究竟经历了什么，到底是什么让国王易主，而后比利时王室又将何去何从？

作为从小接受正统王室教育的王储菲利普来说，这一突如其来的消息当然令他非常失望。然而一方面国王是自己的亲生父亲，另一方面比利时王室要平稳过渡，他最终选择了支持自己的父亲，作为王储耐心等待继位。而外界分析阿尔贝二世继任王位，是因为其不甘放弃王位，不愿意一辈子只当个亲王。1993 年 8 月 9 日，59 岁的阿尔贝二世加冕，成为比利时王国 162 年历史中即位时年纪最大的君主。在他加冕后，他仍然保持前国王博杜安的妻子法比奥拉王后的称谓，同时授予保拉王妃以王后称谓，一起并列为比利时王后。这样一来，比利时也成了到目前为止历史上唯一一个同时拥有两个王后的君主立宪制国家。

不论历史的真相是怎样的，不可否认的是，阿尔贝二世在位期间，取得了一系列卓越辉煌的成就。他有两件事至今为比利时人民津津乐道。第一件就是，在2010年6月到2011年12月的长达500多天的时间里，比利时政府经历了世上罕见的“无政府状态”，阿尔贝二世为了弥合各个党派之间的政党分歧，早日组建新的联合政府，曾先后7次指派组阁协调人，帮助解决这次组阁危机。作为君主立宪制度的国家，国王的身份是具有象征意义的代表，但是在比利时的稳定与统一即将遭到破坏的局面下，他能够勇敢地站出来，并且积极出谋划策，最后终于力挽狂澜，成功化解了这场刷新了世界纪录的无政府危机。新政府组阁成功后，全球媒体在多方报道中都称阿尔贝二世为伟大的舵手。正是他的不懈努力，比利时从无政府状态进入正常运作的轨道。在广大民众看来，国王是保证现在国家政权完整和政府功能有效发挥的黏合剂。另外一件使其威望大增的事情，就是他的退位之举。这个举动让他受到了世界人民的一致好评，人们纷纷赞扬这位君主的勇敢、亲和、负责任的行为。这两件事让阿尔贝二世的国王生涯画上了完美的句号。到了2013年，他正式退位，苦苦等待了42年的菲利普王储终于登上了比利时国王之位。

在菲利普即位以后，媒体还曝光了一件阿尔贝二世的逸事：阿尔贝二世由于享受了一段时间的国王生活，在待遇上享受过非常优惠的政策。然而在他退位之后，按照比利时的法律，他需要像平常人一样交税。

并且“离职”的国王“薪水”受到扣减，他的薪俸从原先的1150万欧元每年的免税薪俸变为了需要缴税的92.3万欧元（约750万元人民币），税后大概能领到70万欧元，仅仅为在位时的6%。这样大的缩水让阿尔贝二世直呼无法生活，不得不开始“由奢入俭”。他一度向政府“诉苦水”，要求提高薪俸。然而政府在2013年的时候回绝了老国王的提议，并且声称对这一决定不会做出任何改变。比利时王室虽然只是国家的象征，在政策决策上没有实际权力，然而在过去100多年的历史中，比利时王室一直享受着免税的特殊待遇。直到2013年6月，政府宣布比利时的王室成员也要跟平民百姓一样向国家财政缴纳税款。这个突如其来的决定在比利时1830年独立以来还是首次。

世界上采用君主立宪制的国家，其王室存在的意义与职责之一，就是维护国家的宪法。2013年，53岁的菲利普在即位大典上，使用比利时的三种官方语言进行宣誓，此举具有非常重要的历史意义。由于历史上和地域上的一些不和谐之处，比利时一直面临着分裂的潜在威胁。能在比利时拥有凝聚起整个国家的力量，就只有足球和国王了。

菲利普国王即位后，有分析家认为，性格低调内敛、处事稳重谦逊的国王虽然平易近人，但是未必拥有老国王阿尔贝二世的政治智慧和雄才大略。在君主立宪制国家的历史上，王室一般情况下是受制于议会的，然而在阿尔贝二世时期，国王与议会、政府相处得十分融洽。在此时期，比利时的政局稳定，经济、文化等各方面都快速发展。于是许多人希望刚刚即位的菲利普国王也能像他的父亲一样，成为一位拥有强大能力的伟大国王。

菲利普即位以来，确实做出了非凡的成就。他和王后的美好爱情故事，为王室的形象频频加分。在 2014 年 5 月的大选中，菲利普国王发挥了不可忽略的决定性作用，为政府的顺利平稳过渡提供了强有力的保障。不仅仅使比利时政局稳定，同时也大大提高了他的威望。这两年间,菲利普国王积极建立与中国的友好关系，积极响应“一带一路”倡议。他的诸多行为都使比利时的政治经济局面开启了一个崭新的阶段。比利时占据很大比重的中小企业在“走出去”的道路上实现企业的完美转型，这一举措对于比利时整个国家和人民来说都具有十分重要的意义。

不得不提到的是，在菲利普国王之后，比利时将有望迎来一位女王。这个政策是在 1991 年宪法修改后，规定长公主也可以享有继承权，如此一来，菲利普夫妇的长女伊丽莎白公主将有望在她的父亲退位或去世后继承王位。也许在多年后，伊丽莎白公主将会成为比利时的第一位女王。当前，作为比利时王室的颜值担当，菲利普国王和他的王后的一举一动都在世界人民的注目之下，继续践行着低调本性的比利时王室传统。比利时王室在菲利普国王的带领下，更加坚定地稳步向前，熠熠生辉。

3. 深厚绵长的中国情谊

菲利普国王与中国有着千丝万缕的友好联系。2015 年 6 月 20 日，即位不到两年的菲利普国王及王后玛蒂尔德受到习近平总书记的邀请，搭乘专机来到中国，进行了为期一周的国事访问。在此期间，习近平总书记在两天之内与菲利普国王进行了两次会晤，这样的高热情和高规格，在两国外交史上，实属罕见。然而，更让人吃惊的是，在菲利普国王即位之前，他就已经有过 8 次来华访问的经历了。在即位以后，他第一次出国访问，也定在了中国。这样的中国情谊让中国人民称赞不已。中比两国的友好往来，在两国领导人的国事访问期间，续写着一段又一段的动人故事。而中比两国就“一带一路”火速达成协议，这也正是源自两国领导人、两国人民长期建立起来的友好和信任。作为比利时王国灵魂人物的菲利普国王，其温润如玉的性格、力挽狂澜的作风，值得我们仔细品鉴。

1986年，26岁的菲利普第一次来中国访问。正是那次访问，拉开了他与中国几十年漫长的友好往来的序幕。这些年来，他在诸多领域都做出了突出的贡献，在国事访问中，积极促进各国各民族之间的团结和交往，关注全球青少年儿童的健康成长，在国际上支持扶贫开发，倡导可持续发展的思路，并且多次参与极地援护等工作。这让他在世界上树立了积极正面的友好形象。

2008年，菲利普王储携玛蒂尔德王妃前来北京参加奥运会开幕式活动。比利时作为较早举办奥运会的国家,对奥运会的举办有一种异常亲切的感情。出席“老朋友”中国的奥运盛会，菲利普夫妇表现得非常开心。在奥运会期间，他们参观了北京多处景观，对这一盛会的举办表达了真诚的祝贺。

2010年，菲利普夫妇再次来到中国。时隔两年，又一次重大盛会上海世博会是在中国举办。此次世博会上，比利时国家馆展出了比利时的诸多高科技产品，打造了一座独一无二的比利时场馆。菲利普夫妇出席上海世博会开幕式，对中国经济的高速发展表示了震惊与赞赏，并且希望能够在此次交流中，加深两国人民的友好往来，促进两国经济快速发展。

2011年，中比两国迎来了建交40周年的盛大日子。为了庆祝这一重大的日子，时任王储的菲利普与妻子共同带团来到中国进行访问，这是两国人民友好建交的重大时刻。40年来，中比双方在促进合作共赢、互利互惠的友好发展中不断献计出力，为两国人民的共同发展不懈努力着，并在不断前行的道路上，取得了一系列瞩目的成就，谱写了一曲曲辉煌的赞歌。菲利普夫妇此番前来，更是表明了中比两国人民继续前行的动力与决心。访问期间，菲利普夫妇及其代表团参观了中国古典皇家园林颐和园，并对颐和园赞不绝口。

菲利普王储即位以后，以国王身份再次来到中国就是2015年了。受到习近平总书记的邀请，菲利普夫妇又一次来到了老朋友国家——中国。

虽然菲利普国王多次来访中国，但是提到他真正走进中国人民的视野，就必须说一说2015年他携王后来华进行国事访问的重要日子。在这次访问中，两国元首进行了漫长又细致的双边会谈，对两国未来的发展道路都做出了明确的规划。中比两国建交40多年来，这一次的双边会谈是一个划时代的里程碑。这次两国元首的见面，为中比两国好上加好、不断深化的情谊提供了有力保障。

从双方的会谈情况来看，现在的中比两国正处在一个历史的最好时期。现阶段，无论是政治、经济、文化，还是细致划分到投资、卫生、港口、旅游、司法等领域，两国都已经展开了互利共赢的合作模式，并且建立起全方位的友好合作伙伴关系。两国在交往的过程中，达成了一致协议，即开展实施创新战略合作关系，在不断创新的基础上寻找双方的利益契合点，在高科技领域广泛合作。同时，比利时作为铁路运输的强国，在铁路的互联互通方面，也与中国展开了欧洲战略投资计划和泛欧铁路网建设的合作。两国还鼓励增派留学生，增加两国人民之间的文化沟通与交流。在此次会谈中，习近平主席还亲自向菲利普国王介绍了中方的“一带一路”的倡议，热烈欢迎比利时加入。比利时国王菲利普对此次会谈十分满意，他在表明自己对中国的强烈好感之外，还对中国现阶段在各方面发展取得的成就表达了赞赏之情。同时，在听完习近平主席关于“一带一路”倡议的阐述以后，他表示非常赞同并且完全支持，他愿意凭借自己在欧洲事务中的重要地位发挥积极的作用，为中国连通欧洲搭桥铺路，推动欧洲投资计划同中国“一带一路”对接，推动中国更加快速平稳地打入欧洲市场，并且与欧洲国家建立起更加稳定共赢的友好合作关系。

在此次国事访问中，菲利普国王还受到中国万达集团董事长王健林先生的邀请，来到武汉观赏汉绣表演。基于万达产业的影响力，中比双方在经济上的交流合作已经有了一个比较稳定成熟的合作模式，比方与万达的商业合作，是建立在两国人民友好往来的基础之上的。2017 年 1 月 17 日，比利时国王菲利普与万达董事长王健林分别两年后，终于在达沃斯论坛的会场上再次见到了对方，这两位重量级人物在短暂的相遇中相谈甚欢，为论坛增添了一段美好的佳话。

2016 年 5 月 24 日，比利时国王菲利普在拉肯宫邀请马云去参加一场宴会，为了欢迎马云的到来，国王还亲自邀请了 20 多名像马云一样的比利时知名企业家和创业者来到拉肯宫，共同参加这场专属企业家的聚会。在这次高规格的聚会上，菲利普国王像介绍老朋友一样，向诸多比利时的年轻企业家们介绍如今的电商巨头马云。马云也发表了自己对于比利时企业的看法，他认为，中小企业占 95% 的比利时，是最适合像阿里巴巴这样的电商平台为中小企业提供服务。

从菲利普国王来访中国，到中国的商业大亨前往比利时，中比双方的经济贸易往来取得了非常显著的进步。马云参加完聚会后，阿里巴巴就宣布将在比利时开设其欧洲第六家办事处的计划，并计划承诺将在不久后的“天猫酒水节”中推荐比利时啤酒，在天猫品牌活动“双 11”期间大力推广比利时优质巧克力。与此同时，比利时方面对此反响热烈，比利时贸易部长计划与阿里巴巴共同邀请商家一起进行培训，并且在 2017 年组织一个庞大的商家考察团到杭州，与阿里巴巴“互相融合”。此次聚会，比利时国王菲利普和首相米歇尔还通过社交媒体晒出与马云会面的照片，受到了广大民众的关注。

除了在政治、经济方面的友好往来，菲利普夫妇还尤为重视两国间文化的友好往来。2015 年 6 月 27 日，比利时王后玛蒂尔德携比利时列日大学代表来到深圳大学。两校在科研模式、教学经验以及教学设备等方面都进行了友好的交流沟通，并签署了留学生深造的合作协定，双方每年都会有 1000 ～ 1500 人的出国留学名额，这对两国大学生来说无疑是一次非常好的相互学习和提高的机会。

一件有意思的事情是，除了菲利普夫妇对中国有着特别深厚的情谊之外，在菲利普国王的影响下，他们的女儿，第一王位继承人伊丽莎白小公主也非常热爱中国，她已经熟练掌握了中文，这着实令人吃惊。

比利时王国有一句非常流行的话就是，除了足球和国王，没有什么是真正属于比利时的。历史上，由于长期的分裂和民族的不同，比利时政府一直在风雨飘摇中勉强支撑。拥有全国 60% 人口的荷兰语弗拉芒区要求扩大自治权，而讲法语的瓦隆区赞同维持统一。两区政党矛盾重重，时常引发政府危机。而每当政府危机出现时，国王就要肩负起协调的大任，指派多方人物前去谈判，力求满足多方权益，争取解决分裂的危机。在比利时，国王就是比利时王国各民族人民团结和睦的黏合剂，就是比利时王国的帆船在时代的海洋中破浪前行的舵手。

备受关注的前首相——伊夫·莱特姆

伊夫·莱特姆（Yves Leterme，1960— ），全名伊夫·卡米耶·德西雷·勒泰尔姆（法语：Yves Camille Désiré Leterme），生于比利时西弗兰德省韦尔菲克市，比利时政治家，荷语基督教民主党成员。2008年3月20日至12月30日曾出任比利时首相。2009年11月24日，比利时现执政联盟五大政党达成一致意见，同意时任外交大臣莱特姆在赫尔曼·范龙佩当选为欧洲理事会首任常设主席后，再次接任首相。2010年4月22日，荷语自由民主党宣布退出执政联盟后，莱特姆向比利时国王阿尔贝二世提交辞呈，但仍留任看守内阁首相，直到新首

伊夫·莱特姆

相继任。他曾三度来访中国，为“一带一路”倡议在比利时的稳定推行打下了坚实的基础。

2016 年 3 月，比利时前首相伊夫·莱特姆从布鲁塞尔扎芬特姆机场飞往匈牙利的航程被延误，原因竟是因为扎芬特姆机场安检时间过长，而导致他错过了正点起飞的航班。比利时人一向节奏悠闲，习惯慢腾腾的生活，这下连前首相也没赶上飞机，这一教训顿时让人们不敢拖沓了。当即莱特姆就表示以后一定会坐火车到巴黎，放弃到布鲁塞尔机场坐飞机，从巴黎戴高乐机场出发。虽然比利时铁路发达，不过这样舍近求远也是让人啼笑皆非。这位言论大胆、性格直率的比利时前首相，就是有一种身不在江湖，但江湖处处都是他的传说的霸气魔力，所到之处备受人们的关注。

1. 两度出任比利时首相

历史上多次出任国家政府领导人的不在少数，或因执政期间的突出业绩而连任，或者是受到民众的支持而继续当选。连任再好不过了，但是说到再次当选的领导人，就或多或少地让人心疼，毕竟中途不在任期间，到底是受到了哪些挫折，经受了哪些磨难，总让人不由得多想。而恰好伊夫·莱特姆的故事，就足以写一部《首相当选记》了。对于经历了当选、辞职、再当选、再辞职的莱特姆来说，他的故事，总是那么吸引人们的关注。

1960 年 10 月 6 日，莱特姆出生在西弗兰德省的韦尔菲克市，他的父亲是说法语的瓦隆人，而他的母亲是说荷兰语的弗拉芒人。在父亲和母亲的教导下，莱特姆从小就会讲流利的荷兰语和法语。他小时候常常自己跟自己对话，讲一段法语，再讲一段荷兰语，玩得不亦乐乎。从小在双语环境下长大的莱特姆无法体会语言割裂的感觉，不能真实地感受到双方在交流过程中的排斥，这对其日后的政治思想产生了一定的影响。在莱特姆很小的时候，他就接触到了很多政客和律师。这些人都温文尔雅，穿着得体，言谈举止之间都彰显着沉稳大气的不凡气度。这样的圈子使得莱特姆自小就对政治和法律拥有非常浓厚的兴趣。在这样的氛围中熏陶的莱特姆长大后，就读于比利时历史悠久的天主教鲁汶大学。由于比利时在建国之初就拥有一批狂热而且忠实的天主教徒，所以这所始建于 1425 年的名校，在比利时拥有巨大的影响力，并且作为比利时现存最古老的天主教大学，它也是比利时国内最大的大学，综合实力排名靠前，在欧洲都是非常著名的大学。莱特姆在鲁汶大学度过了 4 年的大学时光，在校期间他主修法律，他对于专业知识的勤勉与执著是有目共睹的。4 年后，他成功获得了法学学士学位。

随后以优异的成绩进入比利时学术排名第一的综合性研究大学根特大学学习。在根特大学学习期间，他更是如饥似渴地阅读着著名的经典案例，潜心钻研。这些学术经历为他日后在政坛的出色表现打下了坚实的基础，也正是因为这样一份完美的成长履历，让莱特姆毅然决然地开启了他的政治生涯。

为了能够多方面地熟悉政治事务，他在从政生活开始之前，先是在国家审计法院担任了一段时间的审计员。比利时的国家审计法院独立行使职能，具有对预算的审查和执行监督的权力，通过审计员的监督，能够保证每一笔出入账的公共收入和开支是合理合法的。这个小小的审计员职位属于国家的立法机构。在国家审计法院担任审计员的这一工作十分符合莱特姆在校学习的专业，但也是在这个阶段，他下定决心要将自己的满腔热血挥洒在比利时的政坛之上，坚定不移地走上了从政之路。

结束审计员的工作后，莱特姆加入了荷语基督教民主党。这是一个由基督教社会党在 1968 年分裂后形成的政党，莱特姆在此担任助理，随后又成为其国家秘书，直到他辞职成为欧盟的公务员。他在 1995 年到 2001 年期间担任伊普尔市的议员；1997 年被任命进入众议院成为一名众议院议员。当他被任命为比利时议会议员时，他从欧盟的职位上无限期休假，开始正式迈入比利时政坛。随后在1999年和2003年再次当选众议院议员。2004年，他成为弗拉芒政府的部长，在任职期间表现良好。他采取了一个务实的措施，增加了该区的经济效益和社会福利。他把弗拉芒政府变成了“投资政府”，把重点放在基础设施和物流方面，包括商业环境和社会福利（特别是老人院、托儿所和移民融合）。为了加快投资,他成功鼓励使用PPP结构（公共私营合作制）。此外，他的政府实施了严格的预算编制，因为他的政策，原先存在的相当大的隐性债务已经减少为零。

到了2007年6月10日，比利时4年一度的大选在全国人民的热情支持下火热开选，选民的最新投票结果将最终选出新一届的联邦议会。在此次选举中，外表英俊、谈吐大方、个人魅力十足的莱特姆人气非常高，他所在的荷语基督教民主党经过层层票选，最终得到了796521张个人选票，这个结果也直接使他所在的党取得了压倒性的胜利。这一选票数字，是比利时全国选举中，得票数位居第二高的个人投票。大选胜利后，莱特姆开始选后组阁。然而了解比利时历史的人都知道，由于政党之间势均力敌，且双方在多数时间上都存在着严重的分歧，比利时历来的组阁都异常艰难。莱特姆当选的这次也不例外，同样的历史原因使组阁谈判过程进展缓慢。眼看着政府部门不能如期组建，万般无奈的莱特姆不得已在 8 月向比利时国王递交辞呈，放弃组阁。到了 2007 年 9 月 29 日，比利时政府组阁仍然毫无进展，阿尔贝二世决定授权荷兰语基督教民主党领导人莱特姆重新组阁。这时，比利时已经经历了持续 100 多天的组阁危机。再次接受组阁大任的莱特姆暂时化解危机，于 2008 年 3 月 20 日，阿尔贝二世国王接受看守内阁首相伏思达的辞呈后，莱特姆出任新首相并组建政府。至此，莱特姆第一次当选为首相并顺利组阁走马上任。

在旁人看来，这也许就是莱特姆继任首相所接收到的第一个下马威吧。一个在大选中好不容易脱颖而出的人，却在接手首相之位前，就因为国内各政党之间的矛盾加剧而迟迟未能组阁成功，也着实令人备受打击。然而，对于莱特姆来说，这仅仅是开始。

2008 年 7 月，由于在大选时承诺颁布由国家 3 个语言社区进一步下放权力组成的“宪法改革”和“经济改革”两大任务未能在最后期限 7 月 15 日达成协议，弗拉芒区和瓦隆区之间始终未能就改革国家制度的方案达成一致意见，莱特姆遵守承诺，勇敢地向国王阿尔贝二世提出了辞职。这是莱特姆当选首相后第一次提出辞职，在漫长的沟通协调中，莱特姆向自己的政府和民众尽了最大的努力，但是无奈众口难调，在一个 770 万人口、多个语言区的国家，存在着众多势均力敌的党派纷争，要满足各方利益确实是十分不容易的。在无奈之下，莱特姆选择了辞去首相之职。但是国王阿尔贝二世看到了首相在各党派之间付出的努力，他希望这件事最终能有一个完美的结局，而不是就此罢手。于是国王力排众议，要求莱特姆率领内阁成员继续协调，争取尽最大努力促成各方对话。

此后，莱特姆继续担任首相，让人意想不到的是，到了 2008 年 12 月 19 日，党派矛盾刚刚平息不久，莱特姆再次提出了辞职，与他共进退的还有其所有的内阁成员。辞职一经提出，国王阿尔贝二世就与当时的比利时政界领袖们秘密磋商。各位元老大臣、政商要员经过 3 天的仔细斟酌后，最终批准了他的辞呈。但同时，在下一届首相继任前，国王要求莱特姆以过渡内阁的身份继续处理政务。说起来，在当选首相还不到 1 年的时间里，莱特姆两度辞职，着实让人匪夷所思。正所谓凡事都有一个因子，这一次令他再度辞职的原因，正是传得沸沸扬扬的著名的比利时“富通门”事件。比利时最高法院当天宣布，“有迹象”表明莱特姆身边人士曾试图影响法官对富通集团一案的判决。

在国家担任政府领导人，最基本的要求就是人民爱戴，有一个好的名声。而“富通门”事件却给莱特姆带来了不好的影响。这个事件是一起政府干预企业经济业务的案件，在多方记者的跟踪报道与挖掘中，事件矛头直指当时的比利时首相莱特姆。从媒体的报道中可以看到，有人披露他的政府曾经在事件发生时试图干预案件的审理过程，其中包括试图让法官推迟宣判日期或改变判决。这一点在比利时的各党派以及民众看来是难以接受的。于是 2008 年 12 月 17 日，本身就站在莱特姆对立面的比利时议会下院全体反对党的议员们一致要求莱特姆辞去首相之职。在众人的指责之下，莱特姆为了证明自己的清白以及不愿带着质疑继续担任职务，毅然决然地选择辞去首相之位。与此同时，他还在接受记者访问时发表声明，宣称他从来没有试图影响,更不曾阻挠司法进程。对于此次事件，他希望尽快有机会澄清所有对自己和同僚的指控，重获清白。

至此，莱特姆的第一次首相经历就在风雨飘摇中结束了。先是组阁困难，接着政策实施困难，最后受到质疑,不得不说他的第一次首相经历有点坎坷。然而，这不过就是上天给予他的一次考验罢了，一个真正有能力的人，总会在生命的历程中经历或多或少的痛苦之后，才能真正成长起来。而莱特姆正是那个在考验中坚持下来的人，他没有因为挫折而放弃，而是正视人们的质疑和人生的磨难。都说在哪里跌倒就要在哪里爬起来，特别幸运的是，让莱特姆爬起来的机会很快就来了，而这一次，他也勇敢地把握住了这个来之不易的机会。

时光荏苒，到了 2009 年 11 月 19 日，原先继任莱特姆担任比利时首相的范龙佩被选举为欧洲首任常设主席，这样一来，比利时首相之位再次空缺。比利时的政府总是在跌宕起伏中曲折前进，刚刚获得稳定的比利时政局一时间又风云突变，开始面临无首相状态。年迈的国王阿尔贝二世不得已又开始为国家稳定操碎了心。这次他召集了各路人马去寻找下一任首相，在与议会多数派、五大政党领导人以及参、众两院议长广泛接触后，终于又将目光锁定在了原比利时首相、当时正担任荷语基督教民主党领袖的外交大臣莱特姆身上。24 日傍晚时分，在多方商讨后，比利时执政联盟五大政党统一意见，同意莱特姆出任新一届的政府首相。

当莱特姆得知这一决定后，他陷入了短暂的犹豫阶段，毕竟这个岗位自己曾经待过，在那段时间的所有经历都还历历在目。自己国家的政局复杂是不能忽略的，而且自己曾经还被质疑过。然而，在短暂的思考过后，莱特姆还是毅然决然地决定接受这一提议。因为为国家和人民奉献自己本来就是他一生的追求，何况不过是在一个地方跌倒了一次，这段屈辱的历史一定要亲自洗礼。于是，11 月 25 日，范龙佩卸任比利时首相，当天下午，莱特姆继任。除了外交大臣一职易人外，原先的政府内阁保持不变，而这也意味着，一个更大的挑战开始了。

果不其然，再次继任首相后没多久，一个更大的问题就出现了。在围绕比利时首都布鲁塞尔的双语选举中，由于谈判的复杂性，莱特姆最终未能在政府党设立的最后期限前达成协议。每个人在生命中或多或少都会许下一些承诺，有些承诺是单靠坚强的意志力就可以完成的，然而，有些是需要整个团体间的相互配合，而这一次，莱特姆的承诺又一次没能兑现。2010 年 4 月 22 日，政府解体，莱特姆不得不再次提出辞职。国王随后任命调解员迪迪埃·雷纳德进行调解。调解无果，4 月 26 日，国王接受了莱特姆的辞呈。2010 年 6 月，比利时重新举行了大选。由于政府组阁谈判的时间过长，莱特姆继续领导了一个临时政府长达 589 天 ，这也创下了一个已辞职的首相领导一个发达国家临时政府最长时间的纪录。直到 2011 年 12 月，比利时重新选举出来的新首相继任，莱特姆才真正卸任，从 2012 年 1 月 1 日起，他开始在经济合作与发展组织（OECD）担任常务副秘书长一职。

至此，莱特姆二度出任首相最终卸任，也不过短短 5 个月时间。大部分人期待的剧情反转并没有发生，相反，这位勇敢地再次挑战的首相，最终以失败告终。然而，他的离开并没有引起民众对他的反感，相反，在其后他参与的任何选举中，他都保持绝对多数票。也许，人生不至于失去了首相之位就走入了低谷，至少对于莱特姆来说，他还有更加精彩的人生。

2016 年 3 月 7 日，莱特姆宣布他将正式离开政治舞台，他被大众汽车公司任命为可持续发展委员会成员。弃政从商，也许是这位传奇人物内心最完美的选择吧。

2. 三度访问中国

中国和比利时早在 1971 年 10 月 25 日，在和平共处的原则下建立了外交关系。从此以后，两国政府人员经常进行国事访问。近些年来，两国的国事访问日渐频繁。莱特姆虽然两度任职首相，任职时间都不长，然而这位神奇的首相却被中国大众熟知。这一切都源于他曾多次在中国盛会时访华。

2005 年 11 月，莱特姆第一次来中国访问。那个时候，他还不是比利时的首相，还没有成为比利时政坛上备受关注的争议人物。他是作为比利时弗拉芒区的首席大臣来到中国，并与当时国家发展和改革委员会的王金祥副主任相谈甚欢。两人通过交流，对很多时下的以及未来的政治、经济等发展形势有着诸多相似的看法。当时正值中国“十一五”规划的筹划阶段，在谈及中国未来的经济发展形势时，莱特姆提出了自己一系列独到的分析见解，并且十分中肯地跟王金祥副主任分享了自己关于“十一五”规划的一些意见。双方在政见上都给彼此提出了很多建议。此次来到中国，莱特姆还与当时的沈阳市市长陈政高一同在上海会见了中国集装箱之父——中海集团的李克麟总裁。

2008 年，正值中国的全民盛会——北京奥运会的举办年。8 月 17 日，作为比利时首相，莱特姆前来中国参加北京奥运会的闭幕式。比利时是第七届奥运会的举办国，当时为了对在第一次世界大战中遭受重创的比利时表示尊敬，将奥运会的举办地点定在了安特卫普。遗憾的是，当年中国还处在民国时期，体育竞技并未达到比赛水平，于是未能参加比利时举办的第七届奥运会。当中国举办第二十九届奥运会时，比利时首相莱特姆特意来到中国，对中国成功举办奥运会表示热烈祝贺，同时对中国体育健儿的优秀表现表示赞赏。8 月 23 日，当时的国务院总理温家宝会见莱特姆，两人在中南海紫光阁会谈。莱特姆对此番中国之行大为感慨，在他看来，依托北京奥运会，中国在方方面面都表现出了质的飞跃。他认为，北京举办奥运会非常成功。从这一场盛会的举办，就可以看出中国在短短的十几年间，在方方面面的发展都取得了辉煌的成就，在经济、政治、文化领域突飞猛进。在此次会面中，除了对北京奥运会的盛赞，两人还对中比两国的友好发展做了相关谈话。两国对中比未来的交流与合作充满了信心。

当中国民众还将记忆停留在北京奥运会的盛况时，距离莱特姆参加北京奥运会闭幕式刚刚过了两个多月的时间，这位昙花一现的比利时首相，却在短暂的执政期间，再一次来到了中国。2008 年 10 月 24 日，第七届亚欧首脑会议在北京召开，这是中国首次承办该会议，亚欧成员国的 45 位领导人出席了本次首脑会议。会议期间，莱特姆第三次来访中国，此次来华也对他产生了深刻的影响。同时，作为下一届会议东道主，莱特姆在 25 日的闭幕式上讲话，首先代表出席亚欧会议的各首脑成员对中方的出色组织工作表示感谢，接着向各个国家的首脑成员发出了热烈的邀请。会议结束后，莱特姆受邀前往上海，于 10 月 26 日会见了上海市市长韩正，在市长的带领下于 27 日访问了上海世博局，参观正在修建的世博园区并针对参展筹备工作与中方进行了一系列的沟通交流。莱特姆表示，上海是比利时最关注的中国城市之一，很多大企业在沪投资发展。相信 2010 年上海世博会将进一步向中国展示比利时国家魅力及经济活力。比利时已计划斥资 1400 万欧元用于 4000 平方米的国家馆建设。莱特姆预祝 2010 年上海世博会取得圆满成功。从沈阳到北京，再到上海，莱特姆走访了中国的三大特色城市，对中国的高速发展有了深刻的印象。莱特姆性格和蔼、谈笑风生，总是以幽默的话语来友好地表达。

对于莱特姆来说，中国是一个十分友好的国家。在三度访华期间，他逐渐爱上了这个拥有几千年文明历史并且运行在高速发展轨道上的有担当的大国。中国文化有着独特的文化魅力，尤其在美食方面，受到了全世界人民的广泛认可。莱特姆每次品尝中国美食，都会赞不绝口。每次来到中国,都要去尝试不同的菜肴，细细品尝每一道菜独特的口味。莱特姆拥有独特的个人魅力，总能给身边的人传递正能量，让人总愿意跟他多聊两句。在中比双方的友好往来中，两国人民之间的相互往来也更加频繁，两国政治、经济、文化各个方面都进入了友好交流的高速发展时期。

自古以来，两国邦交虽然更多考虑的是利益上的纠纷瓜葛，但是从双方领导人来说，每个拥有独特魅力的人，都能快速促进两国的友好往来关系，使得双方在方方面面都互利共赢。虽然在比利时国内的政局中，莱特姆一直处在艰难的困境中，然而他却总能非常高效地处理好国内国际关系。每次莱特姆都是公事访华，但是他本人却对中国有着浓厚的私人感情。正如每个来华访问的比利时国王、首相都深深地爱上了中国这个国家一样，也许这就是两国人民在友好往来之间的一种传承与延续吧。

在全球国家都快速发展的21世纪，合作共赢已经深入人心。当今社会，只有加强相互之间的合作交流，积极走出国门，才能在不断变化的世界格局中掌握主动性，才能不被高速发展的革命大潮所抛弃。而中比双方都深刻认识到了这一重要性，两国领导人又都在积极地为促进双方的贸易往来、文化沟通铺桥搭路。

但是没有什么事情是一蹴而就的,就像“一带一路”倡议的提出、确定、执行等，都经历了一个个看似简单却十分复杂的必要过程。比利时热情支持并积极参与“一带一路”的建设。如今看来，“一带一路”必将给两国人民带来实实在在的切身利益,而在推动“一带一路”顺利进展的道路上，莱特姆为中比两国之间最终达成共识打下了坚实而又稳固的基础。相信在未来的发展中，即使不在首相之位，莱特姆仍会持续关注这一重大合作。在中比两国共同合作、并肩前进的道路上，我们要永远记住每一位曾经为之努力的人。

3. 备受争议的耿直人生

在比利时，对于莱特姆的评价争议，从来就没有断过。与其说争议不断，倒不如说民众对他的关注从未断过。正如在布鲁塞尔机场误机的教训，就让他再次回到了民众谈论的焦点。其实，他的备受争议跟他的直率性格有着莫大的关系。然而偏偏莱特姆就是这么一个耿直的人。

说起这位前首相的直率，从他的多彩经历中就可以看出来。第一次继任首相，因为没能如期完成协调任务，他义无反顾地提出辞职。结果国王不同意，那就接着干，谁让政府需要呢！后来，“富通门”事件闹得沸沸扬扬，许多议员和民众的不信任使这位首相感到很伤心。于是，这位首相又一次提出了辞职，并且坚定地离开了。再后来，政府又需要他出山，二话没说，他就连自己的组阁成员都没换，就继续为国家服务了。但由于接手情况过于复杂，他最终也没能很好地胜任，于是又一次辞职了。然而，工作都辞了，但是国王说你还需要代理一下首相，因为下一届领导人还没选上来呢，于是他一代任就是589天，比他自己正式担任首相的时间都要长，说起来这也是很值得回味的一件事。

在莱特姆的人生中，事情来了，他总是义无反顾地上前，用自己的聪明与担当，勇敢接受挑战。也许前路很艰难，但是他从来都没有畏惧过。他的直率，是一往无前的坦荡率性。在他的人生中，有为了达成目标的勇敢拼搏，也有在坎坷艰难面前的脆弱无力。然而无论发生什么，都未曾阻挡过他前进的脚步。然而也正是这样一个直率的人，在经历了一系列政海浮沉后，勇敢地知难而退，不再兜兜转转流连于政党之间的纷争，最终选择进入大众汽车公司的可持续发展委员会，这也是意料之外、情理之中的选择吧。

当然，莱特姆的争议性不仅在此。他的人生中，还有很多荒唐的事情，比如在接任首相时唱错国歌，这件事情竟然也是真真实实地发生在广大民众眼皮子底下的。而且这一热门事件，曾引起了社会各界的广泛关注，甚至在著名的视频网站 YouTube 上被广泛传播，视频播放量在短时间内破千万。当时的新闻媒体把这件事闹得满城风雨，人尽皆知。

事情是这样的，在莱特姆第一次辞职被拒的阶段，他在比利时国庆日接受了记者的一次采访。记者在特定的情境下问他是否对比利时的国歌很了解。本来是一个很寻常的问题，但是这位比利时首相竟然真的支支吾吾，最后他在犹犹豫豫中表示自己多少是知道一些的。紧接着，在那些记者的步步紧逼之下，莱特姆被迫答应唱一小段国歌。然后，非常戏剧性的，他就在众目睽睽之下哼唱起了法国国歌，正是《马赛曲》最为人熟知的音乐旋律。一个国家领导人竟然会唱错自己国家的国歌，实在是令人匪夷所思。

除此之外，莱特姆备受争议之处，还在于他过于大胆的言辞着实令人尴尬。虽然比利时是法语、荷语、德语三种语言都为官方用语的国家，但是，在770万人口中，使用每种语言的人数比重并不均衡，这就导致了广大人民群众在语言上存在着长期的不协调因素。然而在有着这样文化背景的情况下，莱特姆曾公然宣称，他认为讲法语的公民太过愚蠢且不愿意学习弗拉芒语。这样一来，他彻底激怒了法语区的广大民众，虽然法语区并不是比利时的第一大区，然而发表了对讲法语居民不敬的这种言论后，在政局分裂的情况下，要想团结各方面力量组成一个联合政府就显得难上加难了。

可能对于这位直率的首相，比利时人民也是爱恨交织吧。荷语区的人民虽然完全支持他，然而在面临着法语区政府及民众的发难时，也难免会埋怨他们的首相是不是太过任性和直率。

莱特姆曾在竞选首相的时候，因个人魅力得到了压倒性的票数而率领自己的政党主政内阁，在协调各个党派的过程中表现出色，颇有实实在在的成效。然而，在其执政期间，他的直率、犀利的言谈，又为他带来了许多不必要的麻烦。两度出任首相，却两度都在短时间内辞职。支持他的人为他感到不值，非议他的人将他看得很低。

莱特姆曾有一句名言："比利时除了一个国王、一支足球队和啤酒外，弗拉芒和瓦隆再无共同点。比利时王国是一个历史的意外。”也许长时间协调多方的从政经验让他对于国家的分裂有了根深蒂固的无力与悲悯。然而，正如他的独到见解，比利时足球确实以它的优秀魅力展现出了自己独特的风采，如今，遍布拜仁、切尔西、阿森纳、热刺、埃弗顿、马竞、不莱梅、圣彼得堡、阿贾克斯、埃因霍温等六大联赛豪门且几乎都是无可争议的主力足球巨星们，确实都是比利时人。然而，有些言论还是不适宜公开宣布。民众对他的言论表示不认可，觉得自己的首相都不相信能够凝聚起整个比利时的国民，那么如何能够在实际行动中真正地促进比利时人民之间的团结呢？

说起比利时足球，还跟北京奥运会有着密切的联系。2008 年，比利时足球在北京奥运会上重获盛名，成功的“黄金一代”，震惊了世界。后来人们聊起比利时足球，总会联想到“北京制造”这四个字。在参加北京奥运会之前，比利时国家队早在 20 世纪 80 至 90 年代，就是世界足坛一支让人不敢轻视的强队，曾以“欧洲红魔”的美誉传遍世界。不过 2007 年，比利时队连遭败绩，FIFA 排名跌落到第 71 位。然而，正是 2008 年北京奥运会赛场上崭露头角的队员们，成了现今比利时队的主力阵容，几乎垄断了国家队的中后场。这也让比利时人对北京奥运会印象深刻。

据传当莱特姆参观北京奥运村时，接待他的中国十一届全国人大常委会副委员长、北京奥组委副主席、北京奥运村村长陈至立就对比利时国家队进入四强向他表示祝贺，而莱特姆的自豪之情溢于言表。对于足球，比利时人民是有着异常狂热的喜爱之情，而首相本人，也对足球有着浓厚的兴趣。在他看来，比利时足球队员之间能够抛开不同血统、不同语言之间的芥蒂，能够在风风雨雨中顽强地团结在一起，并且在强大的欧洲大陆上闯出了自己的一片天地，是非常令人尊敬的。

其实莱特姆所受到的争议，说是因为他处世的执著也好，为人的直率也罢，从这位两次沉浮的比利时前首相身上，我们不光能够看到他为政府的工作所做的诸多努力，不光能够看到他在面临选择时说出的争议话语，更多的是，我们能从其诸多直率的表达中，感受到他对于比利时国家和人民深深的责任与担当。在他的心中，一直期盼着这个地处西欧中心、拥有多民族多语言的复杂国家，能够真正地团结起来，拧成一股绳向前走，能够在西欧众强国中走出自己的一片天地。在卸任首相之后，他仍在积极为提高比利时的国际地位作贡献。

无论莱特姆首相在执政期间如何波折，经历了多少国家内部间的重重考验，他对比利时的发展以及对于中比双方的友好往来都作出了突出的贡献。无论是民众的呼喊还是议会的紧急决议，只要需要他的时候，他都勇敢站出来承担自己的责任。代表国家访问他国时，总能为对外的友好交往和合作尽心尽力。来到中国，他同样受到了中国人民和中国政府的热烈欢迎。他的精彩还在继续。

“危机”中力挽狂澜的标杆人物
——埃利奥·迪吕波

2014年3月30日，中国国家主席习近平前往比利时首都布鲁塞尔进行国事访问，机缘巧合地让前首相埃利奥·迪吕波走进了中国人民的视野。短短几天的时间，他在中国的曝光率空前提高。这位文质彬彬、风流倜傥、温文尔雅的男子，是受比利时人民爱戴的前首相，也是中比两国友好邦交的践行者。他是1974年至今，比利时首位社会党首相；也是自20世纪70年代以来，第一位以法语为母语当选的首相；他力挽狂澜结束了比利时长达589天的无正式政府状态；他曾公开承认自己的同性恋身份。这样一个位高权重却又离经叛道自带光

埃利奥·迪吕波

芒的人物，总是让人忍不住提起，忍不住想要细细探寻他的传奇事迹。

埃利奥·迪吕波（Elio Di Rupo，1951— ）出生于比利时南部瓦隆一个贫寒的矿工家庭，是意大利移民的后代。比利时的社会民主主义政治家，也是法语社会党的领导人。迪吕波1岁时父亲就去世了，母亲要照顾7个孩子。后来他从蒙斯埃诺大学毕业，并获得化学博士学位，之后开始了他的职业生涯。于2011年12月5日成为比利时首相。迪吕波曾多次访问中国。第一次是作为比利时社会党主席访华一周；第二次是在2008年出席北京奥运会开幕式；2013年到大连参加夏季达沃斯论坛是他第三次访华，也是他成为首相以后的首次访华。

1. 贫穷中走出的首相

长相帅气的埃利奥·迪吕波并不是人们潜意识里的名门望族，而是一个不折不扣的贫苦人家的孩子，人们都称他是“贫民窟里走出来的首相”。

关于迪吕波的成长往事，要从第二次世界大战以后谈起。“二战”结束后，德国战败，比利时恢复独立地位。战后的欧洲经济疲软，亟待复苏。比利时南部的法语瓦隆地区因为煤铁资源十分丰富，成为比利时战后经济复苏的火车头。但是有着丰富资源的瓦隆地区却面临着一个十分棘手的问题，就是当地的劳动力十分短缺。于是比利时政府在经过再三考虑后，开始从意大利引入外籍劳工。正是这个时候，迪吕波的父母迫于生存压力，从意大利贫穷的阿布鲁奇地区背井离乡，来到了瓦隆煤矿，开始了短暂的打工生活。

那是 1951 年 7 月 18 日盛夏，也就是在父母来到瓦隆煤矿的第五个年头，有着一头鬈发、浓眉大眼、乖巧伶俐的迪吕波出生了。他的到来，让整个家庭喜忧参半。喜的是，迪吕波的聪明可爱犹如上天赐给的礼物；忧的是，他的出生让这个原本就已经有 6 个孩子的入不敷出家庭雪上加霜。在父母心中，无论多苦多难他们都能忍受，但由于收入微薄，要让 7 个孩子忍受贫困交加的折磨，这让他们不能释怀。

在迪吕波 1 岁那年，正是迪吕波大哥结婚的大喜之年，全家都在为这件事情高兴不已。年幼的迪吕波虽然还不知道什么是喜什么是悲，但也瞪大眼睛笑意盈盈。正当所有人都沉浸在喜悦中的时候，噩耗传来了。他的父亲在骑自行车去附近农场的路上，意外地被一辆疾驶而来的卡车撞到，当场身亡。

消息传来，迪吕波的母亲应声倒地，泣不成声。大哥新婚的喜悦瞬间被冲淡，整个家庭从低谷跌至了更加黑暗的深渊。然而悲伤还在持续加深，他的父亲由于并非在工作中受伤死亡，按照规定，他工作的矿厂是不赔偿迪吕波一家工伤补助的。父亲只留下每个月很少的交通肇事救济金。

除了迪吕波，整个家庭都陷入了悲伤的阴影之中，尤其是那目不识丁的老母亲。丈夫去世，作为妻子，她一次一次地抱着孩子们在地上哭，哭诉上天对于她的不公。贫困可以忍，饥寒也能忍，但是突然之间夺去心爱的丈夫，却无论如何都不能忍受！哭，可以逃避一时，却不能逃避一世。看着满地的孩子，母亲决定坚强。由于实在是无力抚养 7 个孩子，母亲经过艰难的抉择后，决定将 3 个孩子送到离家庭 1 千米处的莫尔朗韦的孤儿院寄养，留下还在嗷嗷待哺的迪吕波和另外 3 个孩子在家照看。生活的列车，又开始行驶起来，带着一家人的泪水，带着无形中磨砺出来的坚毅。

迪吕波在长大后回忆自己的童年生活时，总是说："尽管家里一贫如洗，母亲唯一能够给我们的，却是快乐。每到节日，她都会买一个意大利比萨，然后切开，大家分着吃。""那是一段艰苦的童年，但母亲还是挺过来了。后来，3 个大哥都出去打工，其中 2 个是在煤矿挖煤。"迪吕波还说，最穷的时候，他只有一条裤子，无论什么天气，就穿这一条裤子。所以他小心翼翼地爱惜它，尽量减少磨损，到了必须换洗的时候，他就只好待在家里不出门。

在艰难困苦中，迪吕波磨炼出不服输不放弃的性格。虽然出身贫寒，但母亲坚持让他上学。他天资聪颖，终于不负所望，考上了蒙斯埃诺大学。这所大学的前身是蒙斯理工学院，是比利时蒙斯最古老的大学，也是比利时第一所工程师学校。在迪吕波大学毕业时，他的母亲高兴得就像"儿子娶媳妇一样"。

事实上，从很小的时候开始，迪吕波就是一个有明确目标的人，他的哥哥们是普通的煤矿工人，然而他却一直都有自己的想法。到了学校以后，他逐渐显露出自己的政治意识，开始接触政治。他通过参与学生工作，打理校园事务，成为蒙斯埃诺大学的学生会主席，并且进入了校董事委员会。在上学期间，最让他的母亲感到骄傲的就是他优异的学习成绩。迪吕波在蒙斯埃诺大学主修的科目是化学，在学术研究的路上，在母亲的期盼下，他一直成绩优秀，还获得化学博士学位。在学术上取得了优异的成绩后，英国的利兹大学对他非常赏识，十分热切地邀请他参加工作，不过他放心不下自己的老母亲，在英国短暂地工作了一年以后，回到了比利时。1988 年，他的母亲与世长辞。迪吕波后来回忆道："那种难以言表的悲伤，一直缠绕着我。"回想起来，迪吕波至今仍不能接受这个残酷的事实。从小到大，母亲又当爹又当娘，母亲走了，这个最小的孩子，最受母亲疼爱的孩子，就再也找不到妈妈了。

对于迪吕波来说，曾经有两条路摆在他的面前：在学术的道路上继续做研究，或走上仕途开启政治生涯。美国的加州大学伯克利分校曾邀请他前往美国做研究员，校方为了表示诚意甚至连赴美机票都买好了。但迪吕波在权衡利弊后，还是放弃了从事多年的学术研究之路，开启了自己的政治生涯。对于迪吕波来说，这是他人生路上最重要的一个转折。弃理从政，从此化学界少了一个科学家，但是比利时政坛却多了一位英俊潇洒的首相。

2. 在“危机”中力挽狂澜

从他的传奇经历来看，这个异常坚毅的孩子，与蒙斯这座城市有着深厚的不解之缘。可以说，他的政治生涯的起步，正是从蒙斯开始的。毕业选择从政后，他申请加入了比利时社会党，在党内积极工作，逐渐成为党内的活跃分子。从 1987 年开始，迪吕波平步青云，凭借着扎实的作风在政坛一步一个脚印地前进，相继担任了瓦隆地区的议员、欧洲议会的议员、参议员、教育部长、副首相、瓦隆区大臣等职。

所谓“三十而立”，从而立之年开始，迪吕波就一头扎进了政治这个大缸里。在他成为首相前，他在各个岗位上经受了很好的历练。哪里需要他，他就去哪里。1994 年 1 月，他出任比利时副首相，并兼任交通和公共企业大臣，1995 年 6 月连任此职，1999 年 6 月辞职。1999 年 10 月他当选为比利时法语社会党主席。2001 年，迪吕波在蒙斯声望极高，在市长的选举中拔得头筹，出任蒙斯市市长。2010 年 6 月，比利时新政府选举开始，而这一次选举，不得不说是比利时历史上一件值得铭记的大事。在此次组阁中，比利时创下了世界上的选后组阁时间最长纪录，而这件事的圆满化解，正跟埃利奥·迪吕波相关。

关于这次组阁危机，必须从比利时的国情开始了解。历史上比利时长期被外族人轮番统治，直到 1831 年才获得独立，后来第一次世界大战和第二次世界大战都被德国占领，战后才得以恢复独立。而独立后的比利时人保留了历史上的居住习惯和民俗文化，在使用语言和居住地区上沿袭了历史传统。虽然比利时国土面积较小，却被划分成了讲荷兰语的弗拉芒大区、讲法语的瓦隆大区和布鲁塞尔首都大区，有 6 个平级政府，即联邦政府、布鲁塞尔首都大区政府、弗拉芒大区（兼荷语区）政府、瓦隆大区政府、法语语区政府和德语语区政府，各自负责不同领域。这种各个区政府各自割裂的传统给比利时带来许多麻烦。更加糟糕的是，倡导民主的比利时有 10 个主要政党：新弗拉芒联盟党、荷语基督教民主党、荷语自由民主党、荷语社会党、弗拉芒利益党、法语革新运动党、法语社会党、法语人道主义民主中心党、荷语绿党、法语生态党。此外还有比利时劳动党、比利时进步团结共产党等小党。由此，我们对于比利时时局只能以“复杂”二字来概括。

2010 年 6 月比利时联邦议会选举后，一些党派在国家体制改革上意见不一，在国家经济政策上理念不同，这些矛盾使得政党与政府间难以达成共识，使得政府的多次组阁都告失败，漫长的选后组阁遥遥无期。这些党派互不相让，不愿妥协，无视社会上民众的激烈反应，都在为达到自己党派利益的最大化而较劲。从 6 月开始，比利时人好像铆着劲儿，一天天地刷新着没有政府的世界纪录。

如果这场以历史缘由为借口、各党派利益为筹码的选后组阁无果的状态继续下去，可能后果不堪设想。2010 年 7 月，迪吕波被比利时国王任命为联邦政府组阁协调人。迪吕波开始出面协调，双方都绝不松口，大规模抗议和一系列怪诞的示威游行走上街头；比利时金融市场低迷；欧洲主权债务危机；比利时信用等级下降等，各种状况持续发生。这些事件如果恶化，那么最终将带来不可想象、不能承受的后果。在这样的情况下迪吕波没有放弃，在长达1年半的协调过程中做了大量工作。2011年11月30日，迪吕波当机立断提交了联盟协议，以比利时紧急的国家现状为依据，与6党达成了最终的协议。于2011年12月5日完成组阁，到了12月6日，迪吕波向国王宣誓就职，在一场危机大范围爆发之前力挽狂澜，促成了新一届联邦政府组阁，开始领导一个由三大政党组成的新一届联合政府，正式结束了长达589天的“无正式联邦政府状态”。这一时长，已经打破了世界现代历史的纪录。

英雄往往不是那么好当的，尤其是在比利时，一个很现实的问题就是众口难调。在首相就职的典礼上，迪吕波分别用法语、荷兰语和德语三种官方语言宣读誓词。在一个因语言而逐步分裂离心的国家，语言首先展现出来的亲和力是最能打动人的，毕竟，选民能不能听得懂是很重要的。然而对于一位在法语区长大的意大利移民来说，蹩脚的荷兰语就成了迪吕波首相之路上的最大障碍。12月6日，在位于布鲁塞尔市中心的比利时王宫，60岁的迪吕波戴着他标志性的红色领结，率领12名内阁大臣，向国王阿尔贝二世宣誓就职。从这一刻起，他的考验又开始了。

比利时民众都在期待，这位意大利移民出身的首相，能否以他卑微的出身在讲究身份世袭的比利时政坛站稳脚跟；荷兰语说得像梵语一般难懂的迪吕波，能否赢得占人口60%的荷兰语区选民支持。在语言分裂风波未平之际，比利时又陷入银行倒闭、信用评级下降的主权债务旋涡，这位新上任的首相，如何将一个散架的比利时完整地拖出泥潭？

而事实上，在埃利奥·迪吕波4年的首相任期里，他完美地展示了他的政治素养及魅力。在这期间，他以独到的眼光带领比利时政府走了一条正确的道路。在对外交往中，就以中国为例，中比双方在迪吕波任期内进行了一系列友好的交流访问，从政治、经济、文化等方方面面进行了双边会晤，达成了友好的协议，其中就包括“一带一路”的完美推动，都是建立在双方友好关系的基础上的。中比两国在相互的往来交流中开创了合作共赢局面，这对两国的政治稳定、经济发展、文化繁荣都起到了显著的积极作用。讲到这里，就不得不提，这位眼光独到的首相其实还有着不为人知的、漫长久远的中国情结。

3. 30年不间断的中国情结

说起这30年不间断的中国情结，当真是一段广为流传的佳话美谈。故事的主人公是迪吕波与一对中国夫妇。据说早在45年前，来自中国的夏廷元和杨爱娥夫妇在比利时的蒙斯市开了第一家中餐馆，取名叫

“新中国”。谁也没想到，就是这个不起眼的小餐馆，却成了沟通比利时和中国的美食桥梁。有一位身材高挑、英俊儒雅的比利时小伙子常来品尝美食，他就是迪吕波。

据老板娘回忆称，这个浓眉大眼的小伙子每周都会定时来店里吃饭，而且每次来都必点“杏仁鸡丁”这道家常菜。由于小伙子来得太频繁了，点菜还尤其专一，所以自然而然地就引起了夫妇俩的注意。多少年后说起来，他们仍然印象深刻。

一晃眼，30 多年过去了，当年的小夫妻早已经儿孙满堂，尽享天伦之乐了。而那位已年过六旬的“小伙子”还依然经常光顾“新中国”中餐馆，并且已经能用标准的中文说“你好”“来份杏仁鸡丁”了。只是谁也没有想到的是，这位口味始终如一的老顾客，竟是比利时的前首相——埃利奥·迪吕波。

2011 年，迪吕波当选为比利时首相。他在家里举办了一场庆祝家宴，邀请了许多政商名流参加，夏廷元和杨爱娥夫妇这对中国老朋友也很荣幸地受到了邀请。杨清晰地记得，首相郑重地向亲朋好友介绍他们：“这两位是我 30 多年的老朋友，‘新中国’的菜好，人更好。”从此以后，这位首相 30 多年不间断来吃“杏仁鸡丁”的故事就广为流传了。人们惊叹于他 30 年如一日地对一道菜的喜爱，更惊叹于他吃一道菜，就吃出了这样的国际情谊。

除了喜欢中国菜，迪吕波的政治生涯中也充满了对中国独特的喜爱之情。早在 1984 年，迪吕波就倡导在蒙斯设立一个国际爱情电影节，定期举办。许多著名的电影人、制作人慕名而来，年轻人更是把这里当成了恋爱的圣地。2011 年，在第二十七届国际爱情电影节上，这个由迪吕波倡导发起的浪漫盛会，特意举办了“我爱中国日”特别活动，当地民众在家门口欣赏了来自中国的电影《日照重庆》。这个活动不仅向比利时展示了中国的魅力，同时中国电影出现在蒙斯电影节上，可以使比利时人更加直观地了解中国和中国文化，促进两国文化交流。

据说对中国文化感兴趣的外国人，一般会喜欢中国的国宝——大熊猫。早在 2012 年 9 月，首相迪吕波就按捺不住，表示了自己以及国人对大熊猫的喜爱。在慎重考虑后，比方决定向中国政府租借大熊猫，中方热情大方地给予了肯定的回应。2013 年 9 月，迪吕波首相来到中国大连出席达沃斯夏季论坛时，中国总理李克强在双方会晤中决定，为进一步加强中比人民友好交流，增进两国人民情感，中方将尽最快速度向比利时提供一对大熊猫进行合作研究。这让迪吕波高兴不已。为此,回国后的迪吕波特意让人修建了熊猫馆。2014 年 2 月 23 日,两只来自四川的国宝“星徽”和“好好”漂洋过海，如期进驻比利时天堂动物园。这次中比双方的熊猫租借行为，创下了大熊猫出国“一年半最短筹备”和“15 年最长租期”两项新纪录，在世界上也是首开先河，开启了中比友谊崭新的一页。

回想当时的盛况，这两只大熊猫“好好”和“星徽”被描绘成中比友谊的化身。当它们乘坐专机抵达布鲁塞尔国际机场时，受到了当地人民热情的欢迎，享受到了通常国家元首才有的待遇。在当日，机场旁边开来两台消防车交叉喷水，以最高礼仪为“好好”和“星徽”接风洗尘。而促成这桩美事的迪吕波和中国驻比利时大使廖力强一起在机场迎接了这对可爱的熊猫宝宝。迪吕波说，“中国同意租借两只国宝大熊猫给比利时，对此我们深感荣幸”。另外他还表示“这两只熊猫是我们的特别亲善大使，我们会提供良好舒适的环境，让它们感觉就像在中国的家里一样”。如今，比利时天堂动物园中，这两只大熊猫已经完全适应了旅居生活，每天要消耗大概 20 千克的竹子，非常可爱。而每当动物园开园的时候，中国熊猫馆前的游客总是络绎不绝。人们看着这两只可爱的熊猫宝宝，纷纷竖起大拇指，开心不已。

这两只大熊猫从中国四川越过千山万水来到比利时，凝聚了中方和比方各界的极大热情与努力，体现了两国政府和人民的极大诚意与友好情谊，这其中，迪吕波首相功不可没。

2015年，迪吕波在卸任首相之位后又一次回到了蒙斯担任市长一职。此时蒙斯经过不断地完善发展，已经正式成为欧洲的文化之都。在迪吕波英明的规划下，蒙斯市决定投资3亿欧元，对蒙斯的文化遗产和历史建筑进行大规模的整修翻新，当然这是在充分考虑文物保护的前提下进行的。与此同时，蒙斯市还特意邀请了中国代表团前来参展。当地时间7月3日，以“化生——中国当代艺术展”为主题的展览在比利时蒙斯市老屠宰场艺术中心正式开幕，25名中国当代艺术家的代表作品参展，展现了中国当代雕塑、装置和影像等艺术的最新样态。中国艺术展的举行，受到了比利时人民的热情欢迎。在展出当天，有将近300名当地专业人士及爱好者慕名前来。后来中方展会负责人、中国中央美术学院院长范迪安在开幕致辞中解释了此次展览取名“化生”的原因：“因为蒙斯市和中国当代艺术有着共同特点，那就是在变化中重生。”确实是这样，在迪吕波的带领下，蒙斯从一个传统类型的工业城市实现转型，一步步成为今天的欧洲文化名城。而中国当代艺术也不断经历变革变化，才有了如今的繁荣景象。从这点上来说，中国艺术和蒙斯的崛起，有着惊人的相似之处，这两者在历史上都有出色的文化传承，并且在近代的发展中都完成了良好的转型。这样两种文化的率先交流，对于以后两国友好发展、相互借鉴都是有着重要意义的。在迪吕波看来，通过不断举行这样的活动，促进两国人民沟通交流，是十分有意义的。

值得一提的是，在2014年1月31日中国农历马年来临之际，迪吕波在遥远的比利时向中国人民发来了恭贺新春的拜年视频。他在视频中表达了对中国人民新春的祝福，他向全体中国人民和中国政府致以最美好的祝愿，并希望中比两国继续不断深化良好的双边关系。收到视频的中国政府及人民对此表达了感谢之情。

可以说，这位比利时前首相与中国有着千丝万缕的联系。因中国美食结交中国朋友，因中国朋友而欣赏中国文化，迪吕波30多年持续不断的中国情缘不断延伸，最终在促进两国政治文化交流中作出了突出的贡献。这段佳话，在普通百姓间、寻常巷陌里，都令人称赞不已。

4. 至今仍旧单身的政府领导人

说起各国领导人的未解之谜，一身肌肉、长相英俊、温文尔雅的比利时前首相仍旧单身的这个事实，那可一定是排名前十的世界性谜题。然而这个令多国记者朋友为之好奇的谜题，却终于在迪吕波一次采访回答中得到了答案。

早在 1996 年，迪吕波就被爆出在尚未成年的时候与一位男性交好，这件事情在比利时政界引起了巨大的轰动。当时他已经出任了比利时副首相，媒体对这件事情穷追猛打。那段时间，常有一堆记者扛着摄像机、举着话筒在他家门口蹲守。迪吕波在外出中有一次被围追堵截，一名记者打着擦边球战战兢兢地提问："尽管有人说你是同性恋……"话音未落，长久受到舆论压力的迪吕波就在愤怒中打断了记者的话，他忍无可忍，转身大声说道："是的，没错！是同性恋又怎么样？"从被关注的那一刻开始，他就处于舆论的风口浪尖。面对大众的质疑，他一度想到要去自杀。而这一刻，他终于爆发了，终于承认了自己的特殊之处。

这下，记者们瞠目结舌了。大家一时半会儿没反应过来，都在怀疑自己是否听错了，因此，一时间，竟然无人提问，大家都沉默了。在各国领导人中，如此大大方方承认同性恋身份的人，第一个是冰岛总理约翰娜·西于尔扎多蒂，而迪吕波是公开承认"出柜"的第一个男性领导人。然而，公开"出柜"后的剧情并没有迪吕波想象的那么坏，比利时人钦佩他们的政府官员足够诚实，这就够了。

正如迪吕波自己所说的，他出生在一个宽容的国家。公开“出柜”后，迪吕波的仕途并未受到影响。1999 年，他辞去副首相一职，当选为比利时法语社会党主席，从此以后平步青云，直到力挽狂澜结束了长达 589 天的无政府状态后，在 2011 年 12 月，出任了新一届的比利时首相。这一次，媒体没有任何迟疑，毫不犹豫地将全球首位男同性恋领导人的“桂冠”戴到了他的头上。

在出任首相以后的一次采访中，迪吕波说：“‘出柜’15 年来，我并没有受到任何歧视，这是一个宽容的国家。”事实上也的确如此，比利时人民关心的是，他们的首相是否诚实，是否能够胜任。

比利时虽只是欧洲的一个小国，但是它却有着很多特别的地方。比如早在 2002 年 11 月 28 日，比利时参议院就通过了一项允许同性恋者结婚的法案，这项法案承认并给予了同性恋伴侣与异性恋伴侣同等的权利，特别是继承权。2003 年，比利时成为欧洲第二个允许同性恋者结婚的国家。但需要注意的是，在比利时不允许男性同性恋伴侣收养子女，而女性同性恋伴侣中的“妻子”可作为单亲母亲收养子女。

2014 年，迪吕波在镜头前脱上衣秀身材，以这种方式公开为同性恋者发声。63 岁的迪吕波显然表现得太过保守，在公开视频的 3 秒钟里，迪吕波一直是后背对着镜头的。这与俄罗斯总统普京在西伯利亚打猎时大咧咧地赤裸着上半身不同，民众们纷纷评论迪吕波还是很害羞的。

虽然迪吕波公开“出柜”，宣布了自己的同性恋身份，但他并未像其他同性恋者一样，在同性恋婚姻合法的比利时寻找自己的终身伴侣。相反，这位勤勉的首相在其一生中，还是以勤政最为著名。

回看比利时前首相迪吕波的一生，这位从贫民窟里走出来的首相，宣布同性恋身份后还一直平步青云地成为第一位社会党首相，也是第一位以法语为母语的首相。虽然在其执政期间，他的蹩脚的荷兰语受到了荷兰大区人民的无情嘲笑，但他仍然努力学习荷兰语，并承诺在议会发言中使用荷兰语。虽然北部弗拉芒地区的比利时人对于这位不太会讲荷兰语的首相并不是十分认同，但是对于他 18 个月来耐心细致地谈判，并最终将比利时政府从瘫痪的状态拉回到正常运转的轨道，他们还是心存敬意。事实上，在迪吕波执政期间，这位首相也确实没有令他的民众失望。此外，这位致力于促进中比两国友好往来、为两国人民之间的友好交流牵线搭桥的比利时前首相，更是受到了中国人民的深深爱戴。

从 1951 年呱呱坠地，到如今，迪吕波已经走过了人生的 60 多个年头了。他的一生，何其幸运，也何其坎坷。每当我们遇到迈不过去的坎、承受不了的挫折的时候，想想这位从挣扎在贫困线上的外籍移民，到最后成为一个国家的首相；想想他在长达 18 个月心力交瘁时的多方协调；想想他陷入“出柜门”事件时的坦然应对。

人的一生中，会遇到很多好的事情、坏的事情。有些是我们可以选择的，但也有些是我们无法选择的。当生命中出现我们不能承受之痛时，他都似乎在告诉我们不要放弃，光明一定就在前方。

巴洛克画派的奠基人
——彼得·保罗·鲁本斯

彼得·保罗·鲁本斯（Peter Paul Rubens，1577—1640），教名伯多禄·保禄·鲁宾斯，17 世纪佛兰德斯画家，早期巴洛克艺术杰出代表，西班牙哈布斯堡王朝外交使节。鲁本斯出生于德国的锡根小镇，在他的父亲去世后，12 岁的鲁本斯跟随母亲回到了西班牙统治下的家乡安特卫普，并在那里接受了天主教洗礼，而宗教也成为鲁本斯画家生涯中十分重要的一个主题。

在人类社会的发展史上，一批又一批的文化、艺术大师虽已离我们而去，但是他们的作品，却永远留在了世界的艺术宝库，为后来人们的学习与思考增

彼得·保罗·鲁本斯

添了很多宝贵的经验。尤其是在欧洲这块土地上，更是星光璀璨，这里活跃着大量艺术家创作的身影，在文艺复兴之后，许多超凡脱俗的著名艺术家横空出世，虽然他们倾诉内心的方式不同，流派也不同，但是他们有着同样的目标，那就是让这个世界变得更加美好，正如生活在这片土地上的彼得·保罗·鲁本斯一样，他经过自己的潜心研究，把巴洛克风格这一画派发扬光大，赢得世人的称赞！

1. 少年时期的伟大梦想

1577 年 6 月 28 日，彼得·保罗·鲁本斯出生在德国的锡根小镇上，他的父亲名叫扬·鲁本斯，是一位曾经在意大利接受过高等教育的安特卫普法学家和陪审官。扬·鲁本斯和妻子一共养育了 6 个孩子，之后一家人来到了德国，全家人暂时居住在锡根小镇上，就是在这里，彼得·保罗·鲁本斯出生了。他的出生给这个流亡的家庭带来的不是喜悦，而是满满的忧愁。这个已经有了好几个孩子的家庭，真的再也养不起越来越多要吃饭的孩子。在彼得·保罗·鲁本斯出生的第二年，他们全家搬到了德国的另一个城市科隆，这个城市比锡根发达一些，但是这个家庭的生活境况并没有因为这次搬家而有所改变。父亲扬·鲁本斯因此更加辛勤刻苦地工作，来勉强维持一家人的生活。

作为母亲，玛利亚女士没有对这个新生的孩子有过不满，而是悉心地照顾他。碰巧彼得·保罗·鲁本斯天生就很乖巧，似乎知道自己的出生让家庭陷入了更深的困境中，所以他特别善解人意，这一点让玛利亚感到很开心，她不止一次地对自己的丈夫扬·鲁本斯说道："咱们这个小儿子，真的是太乖巧懂事了！"

父亲在工作之余，偶尔也会陪伴彼得·保罗·鲁本斯一起玩耍，在他的记忆中，那时候的父亲一直都是慈爱的面容，父亲用自己厚实的肩膀和大手，支撑起了这个处境艰难的家庭。

时间一点点过去，彼得·保罗·鲁本斯也一天天长大。他看着父亲每天辛勤地工作，早出晚归来赚取生活费用，母亲每天都在家中操持着所有的家务，这一切都让小鲁本斯年幼的心很受触动，他学会了思考，思考着如何能让家人免除生活的困顿，从此幸福快乐地度过生活的每一天。

从鲁本斯开始学会思考的那天起，他就时常喜欢一个人到外面观看风景，凉风习习、阳光温暖，德国最适宜生活的气候环境，为这个小小少年的思考创造了最合适的温床，他心里的种子一天天慢慢发育，生长得更加茁壮。

鲁本斯在心里告诉自己：虽然我们这个家现在生

活条件不好，但是至少我们每一天都可以见面，并且可以互相慰藉，这已经是人生最快乐的事情了。然而，上天并没有满足这个小孩子最单纯善良的愿望。在鲁本斯 9 岁那年，有一天他从学校回来，正兴致勃勃地打算告诉自己心爱的父母今天自己在学校都学到了哪些知识，知道了哪些有趣的事情，但是他回到家，却只看见母亲和哥哥们在伤心地哭泣。

“他们哭什么呀？爸爸呢？……”小鲁本斯在心里奇怪地问道。这个时候，母亲看到自己这个孩子回到了家中，跑到他的身边，一把抱住他，口中哭喊道：“我心爱的孩子,你终于回来了……”母亲却摸着他的脑袋，伤心地对他说道 ：“鲁本斯，从此以后，你就再也不能看到你的父亲了，他……他已经永远离开了我们！”父亲突然永远离开了这个家，无疑对这个家庭造成了重大打击。

就在父亲去世后的某一天，刚回到家的鲁本斯发现自己的母亲坐在床边又在伤心地哭泣，一边哭还一边小声地说 ：“孩子的父亲啊，你走了以后我该怎么办呀？家里这几个孩子，我该怎么照顾啊？……”他走过去，轻轻拉着母亲的手，对她说出这样的一句话：“妈妈，不要再伤心了，我一定会好好学习，以后好好养你，就像我的爸爸那样，做一个能为家庭作贡献的男子汉！”第二年，这位坚强面对苦难的母亲，将鲁本斯送到一所拉丁文学校读书。在学校里，鲁本斯每天都十分用心地学习知识，到最后，他已经可以顺利地阅读一些著作，在这些著作里面，鲁本斯开始全面接触艺术这一新鲜事物，并且为之痴迷。这一年，鲁本斯还接受了天主教的洗礼，这也是他父亲的信仰宗教，在这之后，鲁本斯终生没有再改变过自己的信仰，而宗教最终也成了他画家生涯里十分重要的主题之一。

鲁本斯的成长和进步，母亲都看在眼里，高兴在心里，她开始思考着，如何才能让自己的这个孩子学到更多知识，然后慢慢走上更好的人生道路。

在经过很长一段时间的思考后，鲁本斯被自己的母亲送往一位贵妇人的府第做侍童，她认为，只有接触上流社会的生活，才能让他开阔视野，了解社会，知道怎样和别人相处。在这里，鲁本斯没有辜负母亲的殷切希望，他学到了很多在书本里学不到的知识，他逐渐学会了很多礼仪习俗，而且开始懂得待人接物与人为善。鲁本斯在这里开始学习多种语言并且最终能精通应用。这位贵妇人非常看重这个聪明的少年,因此，虽然鲁本斯只是一个侍童，但是可以在这个贵族家庭里自由走动，和他们平等说话，没有被歧视。

一天，鲁本斯做完自己的事，便开始观赏这个家庭里面四处摆放的艺术品，突然，房间楼梯处挂着的一幅艺术画吸引了他的目光，他聚精会神地站在那里仔细欣赏着这幅让他感觉心旷神怡的画。他眼里露出光芒，心里想着："能够画出这么动人画卷的人，该是一个多么伟大的人啊！"他没有察觉到，他的背后早就站着另外一个人。

这个人是家里的男主人，他走到这里的时候，被这个如此专注的少年眼睛里热情的光芒所吸引。鲁本斯发现他之后连忙说着抱歉打算离开这里。但是男主人却拉住他，和蔼可亲地问他："你是不是很喜欢这幅画啊？"

鲁本斯小心翼翼地点了点头，之后头便低了下来，不敢去看男主人的眼神，生怕自己不小心惹怒了他。可是让他没有想到的是，这位男主人非但没有怪罪他，反而温柔地告诉他这幅画的作者是谁，画中的内容取自画家怎样的灵感。鲁本斯诚惶诚恐，在男主人的注视下离开这里。从那一天起，鲁本斯小小的内心，萌发出一颗伟大梦想的种子，那就是成为一个画家，画出让所有人为之感动的作品出来。回到家中，他把这个想法告诉母亲。母亲听到之后，高兴地对他说道："太好了，鲁本斯，你既然有这个想法，那么妈妈就一定会支持你，我这就开始给你找老师教你画画，只要你肯努力，就一定能取得成功。"

几周之后，在母亲的安排下，他开始拜画家为师，从此以后走上了学习绘画的道路。彼得·保罗·鲁本斯这个小小少年，开始有了远大的梦想，并且决心为之倾注自己所有的心血。

2. 兼容并包，终有所获

在艺术的道路上，永远都会有很多自成一派的大家，他们生来就有对艺术的某种天赋，并且愿意用自己最宝贵的青春孜孜不倦地进行长期钻研，最终开宗立派。一个年轻人，要想取得成就，他就要向已经有所建树的大家学习。但是别人的经验，不管能够给他带来多么伟大的成功，都只是别人的经验，所以，拥有自己的经验才是正道。

彼得·保罗·鲁本斯深谙此道。早在他听从母亲的安排，先后拜风景画家维尔哈希特、才艺精湛的画家阿达姆·凡·诺尔特以及奥托·凡·芳为师的时候，他就一边遵循他们的教导，一边积极思考着自己的创作方法。从一开始学习绘画，他就告诉自己一定不要太受老师的影响。当然，技术可以学，但是一定要琢磨自己的创作思想！

彼得·保罗·鲁本斯在这三位老师的谆谆教导下努力学习绘画知识，经过三位老师的言传身教，他的进步很快。他从老师那里知道在这个世界上，有一个叫作意大利的艺术圣地，不由得对那里产生了兴趣。

在跟随老师们学习了4年之后，彼得·保罗·鲁本斯又成为画家维尼乌斯的弟子。他的这位老师正是从罗马学习归来，当时的罗马艺术氛围十分浓厚。这位老师在教授彼得绘画知识和技法之余，经常告诉他很多关于罗马的事情。这一切,使鲁本斯受到了很大的影响，他心里对意大利有了更热切的向往。他认为只有去往这样的艺术圣地，亲自去感受学习，自己的艺术技法才会更加成熟。因此，他开始为自己定下了一个目标，寻找着到意大利学习的机会。

在跟随维尼乌斯学习到1598年后，他完成了自己的学业，在老师的推荐下，他得以进入安特卫普圣路加公会，这是当地最有名的一个画家协会，里面都是一些本地的著名画家。鲁本斯的加入，代表着他已经成为一名正式的职业画家。至此，彼得·保罗·鲁本斯正式步入自己梦想的殿堂，开始更加努力地研究和思考，朝着自己的目标奋力前行。

当鲁本斯得知自己成功进入圣路加公会以后，他迫不及待地回家，把这个好消息告诉了他的母亲。母亲张罗着要给鲁本斯做一顿丰盛美味的晚餐，来庆祝他成为职业画家这个好事情。鲁本斯的几个兄弟姐妹都回到了家里，他们都为自己这个弟弟成为画家而感到骄傲，纷纷向鲁本斯表示祝贺。母亲面带微笑地告诉他："鲁本斯，你的父亲一定会为你今天的成就而感到高兴。”

听到母亲夸赞，鲁本斯温和地对母亲承诺道：“妈妈，今天我之所以能够成为一名正式画家，都是因为当初你的支持和奔波劳累，所以我永远感谢你。”归根结底，一切艺术都来源于爱。爱最原始的形式，莫过于家人之间美好温馨的亲情。这是鲁本斯朝着梦想奋斗的力量。

1600年，彼得·保罗·鲁本斯来到自己向往的艺术圣地意大利。他进行深造的地方一开始是在曼托瓦，刚来到这个地方没有几天，他就凭借自己对绘画的独特见解和他的早期作品，获得了曼托瓦公爵的青睐，得以进入宫廷，从而幸运地见到很多皇家珍藏画作，这让他的经历又丰富了许多。但是鲁本斯并不希望从此就生活在这里止步不前，他心里有着更大的目标。于是他又启程，前往下一站，这个城市正是威尼斯。这里聚集着意大利最有名气的画家，拥有最浓厚的艺术氛围与创作环境。在这里，鲁本斯以一种虔诚的态度，潜心研究学习著名画家提香的色彩艺术和丁托雷托具有生动韵律的构图技巧与明暗法。他开始认真地审视自己以前的绘画技巧和思想，发现自己与威尼斯这些大师们的巨大差距，他有了更加强大的动力，督促自己去拜访更多艺术大家进行学习与研究。就这样，他开始了自己的求学之旅，目的是兼容并包，并最终找到一条适合自己的未来发展道路。

后来，鲁本斯先后游览了罗马、佛罗伦萨、热那亚等世界著名的艺术圣地，在这些地方，他见识到很多历史上的优秀画作。在观赏这些画作时，鲁本斯在心里思索着这样一个问题：为什么这些经典画作可以经历几百年甚至上千年依然令人称道，并且恒久地绽放着它们独有的魅力，吸引着全世界各地像自己一样对艺术向往的少年来这里进行学习？

经过自己的潜心研究，他终于发现，这些大师的经典画作，无论是构图、色彩搭配还是运笔技巧，都堪称一流。然而真正让他们名垂千古的，则是画家通过这幅画作所要表达的真理与思想，以及他们对细节的严格把控，无论是人物的眼神、手指的动作、皮肤的纹理，还是风景中的一草一木、蓝天白云，无不体现出画家想要表达的精神。鲁本斯将这种精神称为“画魂”。因此，鲁本斯开始明确自己今后事业发展的两个目标：一是要尽快找到一种自己喜欢的艺术风格；二是在这种艺术风格的基础上，将自己对这个世界的认知，用艺术形式表达出来。

在罗马的时候，彼得·保罗·鲁本斯以自己最饱满的热情研究学习了古罗马的雕塑和文艺复兴全盛时期的绘画作品，这其中很多艺术家的创作都深深吸引了他，他不仅精心研究，同时也大量临摹他们的作品。

对鲁本斯而言，这是一次很有影响的学习经历，尤其是拉斐尔·桑西和米开朗基罗这两位文艺复兴的标杆人物，他们作品中欣欣向荣的生机和独特的人文主义情怀，都让鲁本斯印象深刻。这两位大师的很多杰作都是湿壁画，而这种经历是在任何地方都无法体验的，所以这次学习堪称鲁本斯其画家修业的完美收获。

彼得·保罗·鲁本斯在四处求学、寻找属于自己绘画风格的经历中，真正明白了要想在艺术领域里取得突出成就，拥有自己的个人特征非常重要。因为只有你有了自己的独特标签，才能受到大众的关注，你的绘画作品才会有人欣赏并且提出意见。当鲁本斯结束自己四处拜师求学的道路之时，他开始回顾自己这段时间的经历，并认真思考着自己应有的艺术风格。

到最后，鲁本斯发现，自己最感兴趣的还是起源于意大利的巴洛克艺术风格。这种风格以浪漫主义的精神作为形式设计的出发点，以反古典主义的严肃、拘谨、偏重于理性的形式，有着极为独特的风格特点。

在彼得·保罗·鲁本斯心中，这种脱胎于文艺复兴时期的艺术形式，闪烁着极为别样的光芒，它摒弃了古典主义造型艺术上的特点，追求更加富于动感的艺术效果。鲁本斯认为，这就是自己这一生不断寻找的艺术风格，他相信，只有利用巴洛克风格中的种种特点才能充分表现自己想要表达的精神。

巴洛克风格极具激情，它打破了理性的宁静和谐，具有浓厚的浪漫主义色彩，非常强调艺术家的非凡想象力。而这正是鲁本斯自己所擅长的，他在绘画的时候，经常能够通过想象而把自己置身于画中的情境，他认真去铭记各种细节。当然，鲁本斯最重要的一个理论，就是他喜欢在运动中凸显冲突性，使作品给人们带巨大的视觉冲击，从而更能表达自己想要通过作品来传递的思想。而这一爱好，也正是巴洛克风格所具有的鲜明特征，它非常强调运动，运动和变化几乎可以说是巴洛克风格的艺术灵魂。

除此以外，就是巴洛克风格的综合性，它十分强调艺术形式的综合手段，吸收了文学、戏剧、音乐等领域的一些因素和想象，是一种非常具有包容性的艺术风格。彼得·保罗·鲁本斯在进行绘画基础学习的时候，就经常告诉自己一定要海纳百川、兼容并包，这和巴洛克风格的特征是不谋而合的，甚至后者的范围更大，它已经开始强调所有艺术形式的融合，这让鲁本斯对艺术思想有了崭新的认识。

从此以后，这种巴洛克式的艺术风格几乎贯穿他一生的创作，贯穿他的很多绝世佳作，为他的作品拥有非常浓厚的个人风格，起到了不可磨灭的作用。

在人生的道路上，每个人都会遇见一些能够使自己内心看法发生改变的人和事。当改变来临的时候，听从自己的内心，抓住机遇，潜心研究，不断思考，只有知道自己真正想要的是什么，才能更加明白该付出怎样的努力，使最初的梦想得以实现。

3. 轰轰烈烈的绘画生涯

每个人都有自己生命中最辉煌的时刻，为了这样的辉煌，我们经历了或长或短的蛰伏期。在这样的时期里，陪伴我们的不是鲜花和掌声，而是无人问津，甚至是冷落与轻视。但是如果我们沉得住气,持之以恒，数十年如一日地不断思考、奋斗，终于有一天，我们将会迎来自己人生中的巅峰时刻。就好像一颗沉睡了很久的种子，它不管放在任何地方，都不可能受到人们的特别关注，但是有朝一日，它会绽放出最美丽的花朵。

彼得·保罗·鲁本斯的人生正是如此。在他决定步入绘画这条道路的时候，他面对的境况，就好像是那颗沉睡的种子一样，进入自己人生的潜伏期，日复一日汲取着世界各地艺术家们的精神养分，不断培养独立思考的能力，同时不断增强自己创作的能力，并探索出自己喜欢的风格。这是一系列繁重琐碎的前期准备工作。现在，鲁本斯做好了充分准备，即将要为这个世界绽放出一朵最娇艳美丽的花朵来，他要让所有人都为自己的作品而倾倒，就如同自己做侍童的时候在楼梯口看见那幅画的感觉一样。

有了这样的冲动，彼得·保罗·鲁本斯开启了自己绘画生涯的最重要时期。1601—1602 年，鲁本斯第一次前往梵蒂冈旅居，在那里，他为位于罗马的耶路撒冷圣十字圣殿绘制了 3 幅祭坛画，算是在小范围内引起了不小的轰动。大家纷纷赞叹鲁本斯，说他是一个天才型的画家，只要他继续努力，就一定能够创造出更大的成绩。鲁本斯也相信，只要坚持不懈地努力，终有一天会实现自己的梦想。

到了 1603 年，这是鲁本斯人生中最为重要的一年。这一年他被公爵派遣出使西班牙。这期间，他一有机会就潜心研究绘画。有一天，他终于思考出自己要创作一个怎样的主题，他希望在这幅画作里面，把自己对于巴洛克的研究也加入其中。经过了很长一段时间的努力创作，鲁本斯推出最有突破性的一幅名作《莱尔马公爵骑马像》。这幅画作一经推出，立马就受到西班牙诸多贵族的赞赏，甚至有人还要出高价购买他的这一画作。彼得·保罗·鲁本斯凭借这个机会得以欣赏到西班牙皇室贵族的私密珍藏，其中不乏许多传世珍品，包括提香·韦切利奥的大量油画作品，这极大地丰富了鲁本斯的人生阅历，让他对于绘画艺术又拥有了更为全面的认识。这对他后来的发展也起到了不小的推动作用。

1605 年底，彼得·保罗·鲁本斯有幸再次前往罗马去访问。他在这里居住 3 年，在罗马浓厚的艺术氛围中认真创作出了更多的佳作。这期间的作品《圣海伦娜》《上十字架》《基督戴荆冠》等，画风受文艺复兴美术影响，有威尼斯画派的特点。

后来，彼得·保罗·鲁本斯得到了一个机会，那就是他在来到罗马不久，被委托为罗马的新堂（又名为小谷圣母教堂）的主祭坛创作祭坛画。这对一个外乡人来说，是一种至高无上的殊荣。很多当地的画家都没有这个荣幸，而鲁本斯初来乍到，就被委以重任，如此安排，可以看出鲁本斯在世界范围内的巨大影响。

鲁本斯很看重这次委任，他开始紧张有序地准备。一开始，他直接在教堂进行绘画，在自己的第一稿中容纳了圣母、圣子以及诸多圣人。通过他的精心绘画，这些人物无论是形象、服饰还是细节的表现，都特别细腻。但是在临近完工的时候，鲁本斯回过头欣赏自己的作品，却惊讶地发现，因为教堂的采光不佳而使自己精心布局的那些细节没有被很好地表现出来，这让鲁本斯很失望。因为一开始他特别相信自己可以很好地完成这一系列作品，可以让这些画绽放光彩。“怎么办？难道就这样宣告完成吗？这样的话别人也会责怪是教堂本身的问题而不是我的问题。可是，这就是我的问题，我一开始没有仔细观察教堂的环境就贸然去作画，这才导致了今天出现这样的后果。不行，我要做点什么，来弥补自己的过失。”彼得·保罗·鲁本斯看着这些画，自己进行了一场激烈的心理斗争，最终督促自己去寻找因为室内光线较暗影响画作视觉效果的弥补办法。

鲁本斯日夜思索。首先他找到当年参与修建这座教堂的人们，询问他们能否把教堂的采光改造一些，但是被他们明确地告知，教堂已经建成，就不能再动一砖一瓦了。其中一个建筑师对鲁本斯说道：“亲爱的画家先生，恕我直言，我个人感觉你的画作技巧绝对是一流水平，但是现在由于教堂的采光而效果不好，这并不是你这个画家的原因，你已经做好自己的本职工作了，为什么还要四处寻找补救的办法呢？”

鲁本斯会心一笑，然后指着教堂里自己含辛茹苦创作的人物画，回答道：“你说得很对，我只是一个画家，做好自己的本职工作就可以了，但是这不是普通的人物画像，对于那些信仰他们的人来说，他们全部都是最有力量和最有温暖的存在，所以我觉得我不能置之不理，不能因为这不是我的责任就不去付出努力，我一定要找到一个好方法，来把这些都处理好……”

听完彼得·保罗·鲁本斯的回答，这个建筑师的注意力久久不能转移，他已经被鲁本斯语言中闪烁的光辉深深吸引，被他身上的艺术精神打动。他对鲁本斯大声说道："放心吧，我会和你一起想办法，来解决这些瑕疵。"

于是，两人日夜不停歇地讨论，在这位建筑师的建议下，他开始在3块石板上重新绘画，因为只有这样才能弥补教堂采光不佳的缺陷。鲁本斯必须马不停蹄地努力创作，因为此时距离10月的祭坛揭幕式只剩1个月了。鲁本斯告诉自己，他一定要保质保量地完成这个工程。为此，他每天几乎很少休息，简单用餐之后，就立马一头扎进绘画中去，终于赶在祭坛揭幕式开始之前完成了巨作。鲁本斯看着这些绘画作品，长长地吁了一口气，他心里想："终于完成了，我终于可以让人们更加真切地感受到它的力量了。"

然而就在这个重要的时刻，彼得·保罗·鲁本斯突然接到了一个消息，那就是他的母亲突然生了很严重的病，迫切地想要见鲁本斯一面。鲁本斯二话没说，即刻启程返回家乡，回到母亲的身边。他以为自己还有机会再回到意大利这个美丽的国度，却未曾想到自己此生再也不能踏上这片土地了，这也成为鲁本斯心中永远的遗憾。

之后，彼得·保罗·鲁本斯回到了佛兰德斯。他在为自己母亲治疗好疾病以后，开始在故乡寻求绘画事业发展的机会。他不敢离自己的母亲太远，希望能够陪伴母亲度过她生命的最后阶段。他坐在母亲床头，看着她满脸皱纹、白发苍苍，他心存感激地握住母亲的手，温柔地说道："妈妈，从今天开始，我再也不会离开你的身边，我要在这里好好照顾你。"

母亲微笑地对他说道："亲爱的鲁本斯，我知道你在外面是在为自己的事业奋斗，都是妈妈的身体不争气，耽误你了。"

不久后，母亲永远离开了他。之后，他将母亲和父亲埋葬在一起，以后的每一年，不管他身在何处、工作有多忙碌，他都会抽出时间来祭奠他的父母。

从失去母亲的阴影中走出之后，彼得·保罗·鲁本斯在大公爵阿尔贝托和他的夫人伊莎贝尔·克拉拉·欧仁妮的赏识下开始为他们工作。大公爵和他的夫人长期向他订画。除此以外，还给他提供了一些参与外交使团的工作。鲁本斯自身具备的文化知识、政治眼光、与人交往的能力，以及精通多国语言，再加上他艺术家所享有的崇高声誉，都让他可以在各种场合表现得游刃有余，非常具有外交家的风范。这使得他受到很多人的赞赏。鲁本斯不止一次在公开场合中发表言论，他对人们说道："绘画是我的事业，但是从事外交是我的爱好。"

彼得·保罗·鲁本斯分别在 1603 年和 1628 年两次移居到西班牙，除此之外他还曾经定居过英国和法国，这些外出的经历都使他获得更多人的赏识，提高了他在国际上的知名度，更加有力地推动了他的作品在全世界范围内快速流传。与此同时，他有幸欣赏到了很多不同种类的艺术作品，这增添了他的阅历和经验，为自己才能的施展提供了更多可能性，这也促使他形成自己别具一格的巴洛克风格，并且将这一风格融入自己的作品中。

至此，彼得·保罗·鲁本斯迎来了自己绘画事业真正的巅峰时刻。他创作的绘画作品，只要一画好，就立刻有大批的收藏家和追捧者如同潮水一般涌来，争相购买他的作品以作珍藏，就连欧洲贵族和天主教的教士们，也都非常喜爱鲁本斯的这些作品。无论是在贵族的豪宅中还是在各地的教堂中，都有大量的鲁本斯作品，人们都以能够拥有鲁本斯的真迹而自豪，而且谈论鲁本斯作品中的典故与绘画技巧，也已经成了人们茶余饭后的一项重要活动。鲁本斯绘画中使用的独特手法和展现的思想，无不对当时社会上的美学风格产生深远的影响。在 16 世纪末动荡的十几年，人们普遍认为世界上再无能够生长出大师的土壤，然而彼得·保罗·鲁本斯却用自己的实际行动向世人证明，绘画这条坎坷的道路，只要你愿意努力奋斗，无论什么时候都能创造出伟大的作品。无论是出自鲁本斯自己笔下，还是他创立的画室协助绘制的绘画作品，尤其是版画作品，都充分展现了鲁本斯在艺术创作中别具一格的艺术魅力，这为他在更加广阔的世界范围内，都赢得了广泛的声誉。

鲁本斯一直活跃在艺术界，受到很多人的称赞，他这些年一直都没有经历过很多大的波折，他把自己对艺术的无限追求化作信念，并朝着更高的目标执著地奋斗下去。

4. 画家的终生使命

在我们生活的世界，存在着很多令人产生遐思的现象，有的是很美丽的风景，有的是最残酷的法则，然而随着科学技术的发展，人们对这个世界的了解更加清楚、透彻。科学的目的是揭示已经存在的事物，然而这里仍然有很多东西是科学不能解释的，所以我们需要哲学，需要各种形式和手段的艺术。彼得·保罗·鲁本斯身为一名画家，他也意识到了自己所肩负的使命，这样的使命，让他更加努力，朝着人生前进的方向不断发起有力的冲锋。

1608 年鲁本斯返回自己的故乡安特卫普，次年，他受到邀请，开始出任佛兰德斯统治者伊莎贝拉的宫廷专门画家。在这个岗位上，他充分发挥自己的能力和天赋，为伊莎贝拉创作出大量让他神魂颠倒、爱不释手的绘画作品，之后鲁本斯更加受到他的赏识。不久之后，鲁本斯与这位统治者的女儿结婚，她是一名坚定的人文主义者和著名律师，鲁本斯在画中贯彻着大量的人文主义情怀引起了这个姑娘的注意，两人迅速坠入了爱河，最终得以成为眷属。鲁本斯非常珍惜和爱护自己的妻子，他为自己的妻子绘制了大量的人物画像，也受到人们的一致好评。

结婚以后，鲁本斯过上了富足安定的贵族生活。有了安稳富裕的生活之后，鲁本斯更加积极地投入创作中，逐渐形成了个人标志十分明显的艺术风格。他从巴洛克风格中收获创作手法，特别注重用旋转激进的运动感这一特殊结构来将场面表现得更加激动人心，他还特别擅长利用对比明显的色调、强烈的明暗冲突和许多流动的线条来加强画面的流动感。在这个时期，他从宗教和神话故事中寻找创作灵感，并用它们创作出了大量的绘画作品，例如《复活》《末日审判》《爱之园》《强劫留基伯的女儿》等一系列佳作。这些作品带有鲜明的鲁本斯个人魅力，笔法洒脱自如，十分飘逸，而且整体感强，表明鲁本斯的艺术创作已进入鼎盛阶段。这些画最大的特点是将文艺复兴美术的高超技巧及人文主义思想和佛兰德斯古老的民族美术传统结合起来，形成了一种热情洋溢地赞美人生欢乐的气势恢宏、色彩丰富、运动感强烈的独特风格，标志着他已经成为一位巴洛克美术的代表人物。

彼得·保罗·鲁本斯没有因此就满足，他没有停止不前，而是更加坚定地朝着自己的终生使命持之以恒地前进。从1621年到1630年的10年间，鲁本斯受到西班牙皇室的邀请，多次出访欧洲多个国家开展外交工作，其中他所取得的最著名的成就，就是成功地使西班牙和英国这两个国家建立了非常友好的关系，他成为这两个国家的外交形象大使。为此，他被查理一世赐封为爵士，并且他还为英国伦敦的宫廷白厅画过一幅名为《祝福和平》的天顶画。至此，他才真正意识到绘画的重要性，小到表达自我，大到促进两个甚至多个国家之间的关系。在意识到这个影响力之后，鲁本斯开始更加努力地绘画并担任外交工作，去往各个国家考察风土民情。

鲁本斯这一生，从来没有一直待在一个国家安静地生活，他的人生轨迹就如同他自己的绘画风格那样充满着运动感。他虽然少年时期在德国生活，但后来又返回到自己的真正故乡安特卫普。为了学习绘画，他开始四处游学，西班牙、古罗马、意大利等艺术圣地都被他称作自己艺术生命的故乡。他后来担任外交工作，去过的国家就更是数不胜数，他的人生经历更加丰富，心中拥有了更多的人文情怀。在一次访问中，一个记者问鲁本斯："你是一个画家，还是一个外交家，你喜欢自己的故乡呢，还是喜欢你后来出使的那些国家其中之一呢？”彼得·保罗·鲁本斯正襟危坐，对着这个记者微笑着回答道：“我都喜欢，我把这世界上的每一块土地都看作我自己的国家，我从这些土地上汲取到大量的营养并将它们运用到自己的艺术创作中，所以从这个意义上来说，任何一个角落，都可以称作自己的故乡。”这是鲁本斯最有名的一句话。他的这个回答，让在场的所有人都意想不到，他们对着这个伟大的艺术家爆发出雷鸣般的掌声，认为只有像他这样，将整个世界都装进自己宽广的胸怀之中，才能够创作出最具有价值的艺术作品。

时光匆匆，转眼已经到了1630年，在这之后的10年，鲁本斯正式进入老年时期，他患上了风湿病，严重到手指畸形。尽管如此，他依然坚持创作，并且画出一大批风景画和人物画像，色调和笔法的运用更加奔放自如。虽然这些作品中的大部分是由鲁本斯的助手和学生来协助完成，但是从那些由他忍受着痛苦仍然坚持亲手执笔制作的油画草图中，依然可以看出他的绘画在人生的后期又进入了一个新的发展阶段。

彼得·保罗·鲁本斯少年时期就拥有了远大梦想，虽然那个时候他们家的生活条件不好，但父母依然支持他去做自己喜欢的事情，到了他取得一番成就之后，他被更多人赏识，受到很多人的恩遇，生活一直处于稳定富足的状态。他这一生，过得还算顺风顺水。在他 49 岁的时候，他的前妻去世，为他留下了 3 个孩子。他 53 岁的时候，又与一位叫作海伦·芙尔曼的 16 岁妙龄少女结婚，他们在一起过着非常幸福的生活。而他的这位妻子，也成为他晚期作品中的模特。他以妻子为模特创作了《海伦娜在花园里》《裹在大衣里的海伦娜》《皮毛装束的海伦娜》等画作，他们两人非常相亲相爱，共同生育了 5 个孩子，其中最小的孩子直到他去世后 8 个月才出生。

生活中，彼得·保罗·鲁本斯是一个非常开朗外向、和蔼可亲、超凡脱俗、极富教养而且活泼健谈的人，他有着令人惊叹的旺盛的精力，这一点不仅体现在绘画创作之中，而且体现在他能够致力于绘画艺术之余参加大量的其他活动。彼得·保罗·鲁本斯是一个非常优秀的画家，也是一个极为出色的外交家。虽然他最初的画作仍然没有完全脱离自己青年时代的浮夸矫饰的风格，但是已经展现出一种极为旺盛的生命力。在他的意大利之行中，他临摹了许多绘画艺术大师的作品，模仿他们的画作风格，并从中逐渐学习到了一种意大利革新主义的艺术倾向，但是直到这个时候，他仍然在正确的道路的周边徘徊。生活中大量充实的积累铸造了他强悍的个性，这种现实主义的个性源于佛兰德斯，融入了他罕见的创造性和丰富的想象中，体现在他巴洛克式的绘画语言里，得益于这众多因素的共同作用，他在作品中创造出了一种充满生机、熠熠生辉的艺术表现形式，既迎合了天主教廷反改革的口味，也满足了欧洲王公大臣们英雄主义情结的需要，这一点在他的宗教寓言故事画和异教寓言画中都有体现。

彼得·保罗·鲁本斯去世后，他的遗作每年都被高价竞拍，再次证明了他的绘画艺术的价值。

鲁本斯在自己的绘画作品中，将文艺复兴艺术的高超技巧及人文主义思想和佛兰德斯古老的民族美术传统特别好地结合起来，形成了一种生机勃勃的赞美人生欢乐的宏伟气势，而且具有色彩丰富、运动感强的独特风格，这些都是他作为一个巴洛克艺术风格的奠基人和兴起者身上散发着的独特魅力。彼得·保罗·鲁本斯的整个一生在欧洲艺坛上都可谓盛誉不衰，各种规格的委托从意大利、西班牙、法国、英国、德国等纷至沓来。鲁本斯凭借自己无尽的想象力、持续工作的动力和旺盛的高产而著名，他不断诞生的作品都堪称传奇。1621 年鲁本斯 44 岁时，一位英国访客称他是“世间大师中的劳工”。鲁本斯本人也宣称：“我并非天赋如此雄心，然而数量和题材均过多的委托迫使我毫无勇气地冒险。”

彼得·保罗·鲁本斯在 63 岁时因病去世，他为世界艺术宝库贡献了 3000 多幅艺术珍品，给人类历史留下了一笔特别宝贵的财富。彼得·保罗·鲁本斯的绘画，对于佛兰德斯以及整个西方绘画艺术的发展，都具有重大的意义，在17世纪后期法国巴黎的皇家美术学院就出现了一批鲁本斯主义者，他们继承并且发扬彼得·保罗·鲁本斯的艺术风格和艺术思想，18—19世纪法国一大批著名画家和英国的一些伟大画家，都不同程度地受到过鲁本斯的绘画影响。

法国的美术史家丹纳曾经说过："佛兰德斯只有一个鲁本斯，正如英国只有一个莎士比亚。"彼得·保罗·鲁本斯是一个伟大的天才，他之所以伟大，在于他没有随波逐流，在那个每个人都认为世间再无大师的时代，他能够勇敢地站起来，为了自己心中的目标执著奋斗，最终成为一个令人敬仰的大画家。

鲁本斯在自己的画作中，将自己对这个世界的所有感情都表现得淋漓尽致。他的所有画作，都是因情所作，让后世的人们可以从其中感悟到真情的内涵。这无疑是他画家生涯最重大的使命，在他一生数量众多的绘画作品中，他将自己这个使命完成得十分完美。

象征派戏剧家
——莫里斯·梅特林克

评判一个国家的综合实力，不能忽略它的文化传承。自古以来，征服一个国家的从来不只是武力和战争，真正意义上的胜利，往往是能够长久流传下来的文化熏陶。文化，或者说以文字为代表的文化，总能直击人的心灵，撼动人的心扉。在比利时百来年的历史上，云集着众多享誉全球的大师级艺术家。在莎士比亚去世200多年之后，距离英国不远处的比利时，诞生了一位被誉为“比利时的莎士比亚”的剧作家，他就是莫里斯·梅特林克。

莫里斯·梅特林克（Maurice Maeterlinck，1862—1949），出生于比利时

莫里斯·梅特林克

根特市一个富裕的公证人家庭。比利时剧作家、诗人、散文家，象征派戏剧的代表作家。梅特林克的剧本充满诗意，被称为诗剧。早期作品充满悲观颓废的色彩，宣扬死亡和命运的无常。后期作品研究人生和生命的奥秘，思索道德的价值，取得很大成功。1889 年，他发表第一部诗集《温室》和第一部剧本《玛莱娜公主》。1908 年发表的六幕梦幻剧《青鸟》，是梅特林克戏剧的代表作，也是欧洲戏剧史上一部熔神奇、梦幻、象征于一炉的杰作。梅特林克的主要作品还有《阿里亚娜与蓝胡子》《圣安东的奇迹》《盲人》《佩利亚斯与梅丽桑德》《莫娜·凡娜》等多部剧本。1911 年，梅特林克被授予诺贝尔文学奖，其颁奖词这样评价："由于他在文学上多方面的表现，尤其是戏剧作品，不但想象丰富，充满诗意的奇想，有时虽以神话的面貌出现，还是处处充满了深刻的启示。这种启示奇妙地打动了读者的心弦，并且激发了他们的想象。"

1. 童年：文学的启蒙

如果要把人的一生划分为不同阶段的话，莫里斯·梅特林克的一生大致可以划分为三个时期：第一个时期是他幼小的童年启蒙期，这一阶段，他的文学素养被激发，这为他以后走上创作道路打下了基础；

第二个时期是他的青年时期，他真正走上文学创作之路，这与他的浪漫巴黎行有着密不可分的联系；第三个时期是他的壮年时期，这个阶段是他创作的高峰期，他的很多知名作品都是在这一时期完成的。这三个时期都是他一生中非常重要的阶段，每一步的前行都为他最终走上巅峰奠定了基础。

1862 年 8 月 29 日，莫里斯·梅特林克生于比利时根特市。根特市是 12—16 世纪欧洲非常重要的港口城市，是进入布鲁塞尔的要道。如果今天想去感受欧洲中世纪的风土人情，那么这里肯定是首选之地。如今我们还能看到中古会堂的遗址，庄严巍峨的教堂吸引着大量的游客。中世纪的建筑在这里多到不可胜数，丰富多彩，令人称奇。在比利时再也找不出另外一个可与之比肩的城市。而中世纪扎根于根特市的神学影响了我们今天谈到的这位伟大的剧作家，给他的创作带来了巨大的启发。梅特林克作品里时时流露出来的神秘主义与根特市的神学氛围密不可分。

尤其要提到圣巴夫教堂和格拉文斯丁城堡，这两座比利时建筑一直不断地出现在梅特林克的作品之中，成为其传达思想意旨最有力的象征物。圣巴夫教堂始建于 12 世纪，建成于 16 世纪，是典型的哥特式建筑。这样的建筑风格，在梅特林克的作品中反复出现，表达着一种神秘阴森的情调。而格拉文斯丁城堡就在梅特林克家附近，这里便是他从小和同伴们一起玩乐的胜地。梅特林克在城堡里遇到了第一位启发他文学天赋的老师，那便是城堡的守门人，一个白发苍苍的老人。他在回忆录中说自己那时天天抱着敬畏和好奇心去看望他，并坐在老人的身边听他讲自己的游历。梅特林克从来都不怀疑老人所说内容的真实性，而那些故事也触动了他那颗幼小的心灵。老人有些秃顶，头上有圆圆的一块，他和小伙伴们总是默不作声地瞪着大眼睛听着各种各样的奇事。这为梅特林克带来一定的影响。梅特林克比之前的象征主义文学家们更加关注内心的隐秘，淡去对现实的追逐，开启了对现代主义的探索。

梅特林克出生在一个公证人的家庭，家庭富裕。祖父曾是印刷业的工厂主，父亲从事公证工作，家境殷实，而母亲也出身于贵族家庭。这样良好的家庭氛围使得梅特林克并没有像很多有名的文学家一样遭受太多的坎坷。父母希望他可以学习法律并成为一名受人敬仰的律师。小时候他在圣巴尔勃耶稣会学校上学，但他不大喜爱这所学校。一次小梅特林克违反了校规，受到老师的警告。之后又一次犯规，老师让他去找一根枝条来，他才意识到自己要挨罚了，感到非常意外。他在水池边找到了一根像是用橡木刨出来的旧式木条，送到老师那里，仿佛是争取他的宽恕和谅解。然而事情并非如此，老师叫出了小梅特林克的全名。当老师叫出一个小朋友的全名时，这个小孩就得小心着点儿了，因为这十有八九是要发生点儿什么。这样严格的老师，促使梅特林克规矩多了，接受了传统的教育，在思维训练上打下了非常扎实的基础。后来他通过了学位考试，并顺利毕业。虽说后来走上了文学的道路，但这位老师在每次开课前总要祈祷和讲《新约》，他的古老而又带着几分腐朽味道的宗教式教育，压抑了小梅特林克的生气。这样专制的教育让他痛苦不堪，也导致了他早期作品里总有着一股难以摆脱的死亡气息。这样一个敏感的思考者，开始了自己对人生的探索。

在根特这样一个美丽的小城里，暗色的房屋疏疏落落地坐落在山谷间，雾气笼盖四野，纷纷展开。抛锚的大小船只，停在港口;远方的小岛，像是怪兽一般，匍匐在水面上,蓄势待发。工厂的烟筒里喷出股股浓烟。哥特式教堂的尖顶突破浓雾，眺望着远方。高高低低的屋顶在阳光的映照下参差不齐。而梅特林克成年后照着原定的生活路线开始了他的律师生活。仿佛是命里注定一般，他那善解人意的性格，并不是那么适合律师职业，每次出席辩护审判，对于他而言总是那么地漫长。根据他的回忆录，每次出席就像是一场远足，那法庭的建筑构造，每个人物脸上的表情与动作在他笔下都有着极为精细的表现，可见他的内心是多么细腻。在法律生涯遇到瓶颈之后，他开始思考作为莫里斯·梅特林克的人生意义，开始寻找自己，开始向内心探寻。

梅特林克的母亲是法国人，从小母亲就教他法语。而她母亲爱好阅读的习惯也感染了他，家中丰富的藏书，给他的童年带来无尽的快乐。大多数的法语书籍都排列在一间专门的书房里，梅特林克就如饥似渴地读书，在书的世界里自由地翱翔，到处探险，感受司汤达笔下于连的挣扎和愤怒，体会巴尔扎克笔下高老头的心酸和无奈，经历雨果笔下共和国时期的起伏跌宕，去抚摸福楼拜笔下艾玛那温柔的脸颊。家中的书房是他的乐土，体内所有的能量都化作一股想象的源泉，为他构筑起一个虚拟的空间。这个虚拟的空间越来越真实，渐渐地代替了律师之间的诡辩和狡诈。与此同时，他也爱上了陪同母亲去剧院看戏剧，尤其是莎士比亚的悲剧，这在他日后创作的剧作中留下了相当深刻的印记。在他书虫的童年里，最大的一件事莫过于他发现了波德莱尔。波德莱尔是他年轻时所崇拜的一长串的作家中排名第一的文学家。他也毫无疑问地接过了象征主义的大旗。梅特林克开始一遍一遍地读夏尔·波德莱尔的书，虽然二人遭遇不尽相同，但是他却是波德莱尔最忠实的读者。波德莱尔以丑为美，在丑中挖掘美，用象征与隐喻的方式描写人与自然的关系，这些理论的提出和实践在梅特林克的笔下都得到了印证。当其他人还在关注外在写实的描绘时，梅特林克在波德莱尔的引领下走向了现代主义的文学领域，开始在现代城市短暂偶然的邂逅中发现永恒，在一瞬间的心灵感受里找到其象征的具象物。梅特林克一生出版的诗集就两部作品（1889年的《温室》和1894年发表的抒情诗集《十二首歌》、1900年补充成《十五首歌》），他更多的精力是将象征主义的手法投入剧作的创作中。诺贝尔文学奖委员会第一次将荣誉颁给象征主义的文学家而不是诗人，这人正是剧作家梅特林克。梅特林克不仅在继承前人的经验上起到了不可替代的作用，对于启发后来现代主义和后现代主义的热潮也是功不可没。

巴黎深厚浓郁的文学氛围吸引着他，在他还没有去过巴黎的时候，他的梦中就出现了有关巴黎这座城的点点滴滴。他知道他的一生中是一定会去巴黎的，他的内心深处始终有一个声音在呼唤，呼唤他勇敢地迈出脚步，呼唤他朝着自己内心的方向前行。前方的路在他的脚下越发明显，他知道，新的征程已经不得不启程了。路总是越走越远，越走越宽，没有什么是达不到的顶峰，如果还没能够实现心中所想，大抵就是因为我们还没有为心中的那个梦想去努力实践吧！路途辛不辛苦不重要，重要的是开始这段路，并且执著地走下去。莫里斯·梅特林克的下一段旅程就要开始了，这段旅程最终成为名留文学史的一段佳话。

2. 青年：走上文学之路

梅特林克于1887年前往巴黎学习文学。一部好的文学作品总是能够由内而外地滋润人们的心灵，而一个优秀的文学作品创作者，也必然是受到了良好的文学熏陶，由内而外散发出文学的气质。梅特林克的这段文学之旅一经开启，便从此一发不可收。

他在巴黎结识了众多优秀的作家。维里埃·德·李勒·亚当对他影响最大，虽年龄相差8岁，然而并不妨碍二人成为文学上的知己。正是维里埃·德·李勒·亚当加深了他对象征主义的理解，开始学会用丰富的意象表达内心复杂的感受和冲突，他一生中发表的两部诗集也都是在巴黎期间出版的。他就读于法兰西学院，这是一所独具一格、世界闻名、群英荟萃、举足轻重的学术院校。有意思的地方在于它是专门为对抗传统大学的专制与教条主义而建立的，独立于任何学制之外，是免费对外开放的无文凭的高等学院，以文学艺术等领域的教育而著称。梅特林克住在有着巴黎人所特有的“左岸情结”的圣杰曼德培区，这里与香榭丽舍大道的奢靡贵气截然不同，充溢着知识分子的书香和人文气息，因为这里书店、学校林立。从他来到法国，直到因第二次世界大战离开法国的这段时间，在历史上都可以称得上是法国的繁荣时代。1889 年的世界博览会在巴黎举行，政府修建了埃菲尔铁塔，其后又修建了大、小皇宫，而且开通了第一条地铁，此时的巴黎已经成为世界上最令人向往的繁华都市。此处，既是天堂，又是地狱。如果说波德莱尔负责的是描绘巴黎罪恶的地狱图像，那么梅特林克负责的是描绘蜂飞蝶舞的天堂景象。

如果说文学家是从苦难的炼狱里锻造出来的灵魂，那么梅特林克正好是个例外。安逸的生活给了他足够闲暇优裕的时光，让他去观察生活的每一处动人的细节，去研习蜜蜂的作息，看它飞近每一株诱人的花朵。当地中海的暖风吹来，梅特林克正在仔细找寻冬天离去的印迹。四季和煦的岸边，春意像个姑娘一般藏在角落里。看着春天如何上路，是梅特林克最喜好的事情。春天在等待中积蓄力量，在不断地找借口，迟迟不肯上路,在等待最好的时机。先是撩拨着嫩绿的树枝，时而梳理露珠莹莹的青青草地，呼朋唤友地招来了蜜蜂，敲醒迷迷糊糊在睡意中的雏花。梅特林克就这样和春天一样穿行在参差错落的街道间。

1886 年，莫雷亚斯在巴黎发表了《象征主义宣言》，这一事件标志着法国开始了象征主义的狂潮，这也是文学史上出现时间最早、持续时间最长、影响最大的现代主义文学流派。经过三年的酝酿，梅特林克发表了他的第一部诗集《温室》，在文坛崭露头角并受到了广泛注意。以“温室”作为诗集的名字，象征着多层次意思：既象征着花草树木被养育的温室，被关闭的密不透风的玻璃房子，空气恶臭，毫无生机，没有丝毫的生气，又象征着现代人类被死气沉沉的社会压抑着，扭曲着人性，让人感到无尽的窒息。在“温室”的意象里，将现代人类和社会的苦闷通过具体的意象表达出来。将现代知识分子苦苦追寻而找不到出路的无力和苦闷入木三分地刻画成“一个公主挨饿的思考”“一个水手在沙漠的麻烦”“企图的母羊”“谎言的白鹿”“白天鹅孵化出黑乌鸦”。透过这种种的意象符号，我们可以做出无穷无尽的理解。不同解释之间或许有天壤之别，但丝毫不妨碍我们对它的解读，反而带来五光十色的美学情趣，这就是梅特林克带给我们的象征主义文学的魅力。与此同时，他还发表了剧本《玛莱娜公主》，讲述的是玛莱娜公主与别国王子雅玛尔的婚约因为两国冲突而撕毁，玛莱娜公主不顾一切礼法制约去寻找心上人雅玛尔。然而两国之间爆发战争，玛莱娜公主的母国惨败，而玛莱娜公主也被雅玛尔父母杀害，雅玛尔面对如此结局选择了自杀。他的另一部作品《佩利亚斯与梅丽桑德》讲的是爱情题材，王爵高洛在森林中偶遇梅丽桑德，一见钟情娶回家中。谁料想，梅丽桑德与高洛的弟弟佩利亚斯发生情愫，终被高洛察觉，高洛警告自己的弟弟不要逾越雷池。佩利亚斯与梅丽桑德告别，在此时暗处偷窥的高洛拔剑杀死佩利亚斯。梅丽桑德在忧郁中哀伤度日。

在 1890 年，游学巴黎四年之后，梅特林克的作品越发成熟。此时，他发表了剧本《不速之客》与《盲人》。其中影响最大的《盲人》至今仍在不断地被翻拍上演。这部作品讲述的是在一个海岛上的极限境遇中，老教士为给一个孩子找吃的，因此暂时离开。结果周围一群盲人等待老教士迟迟未归后，发生了无尽的恐慌，开始摸索自己身处何地，心里的紧张和焦虑迅速蔓延开来。最后，他们发现老教士早已死了，这群盲人在危险之际发出了悲凉的哀戚。《盲人》中那脸色惨淡、蜡黑一般的眼睛不再是无尽地向外探寻，而是流露出不可遏制的伤感，脸部因眼睛的黯然失色而显得光亮又疲乏。这种“盲人”的群像不就是现代人类最真实的写照吗？在工业大机器运转下的人们，更像是大机器上运转的零件，没有方向，像是宿命一般在生活着，如死尸一般，不再追求文艺复兴以来个人存在的价值和意义，只是为了现代工业发展的前进而活着。在他这些早期的作品中，大部分是短剧，可以清晰地看到梅特林克在不断地淡化情节，模糊故事发生的时空背景，加强哲学化的思考，着力于挖掘人物细腻的内心。这样的探索带有非常浓厚的书斋气息，将普普通通的日常生活美学化，将普普通通的人物搬上舞台，这对于戏剧的变革有着划时代的意义。但是每一次的变革和尝试并非一帆风顺，时常会遇到非议和坎坷。这样哲学化的戏剧在实验初期，不是很受观众的热捧。

1896年，他又发表了《阿格拉凡和塞莉塞特》。这是一个关于婚外恋的剧本。贵族男子梅朗德娶了塞莉塞特，但他内心深爱的却是阿格拉凡。这样的一个三角恋在梅特林克笔下却一点儿都不俗气。梅朗德是追求心灵契合的知识分子，阿格拉凡以其独有的灵气和活力吸引着梅朗德。这样的爱是文人化的，是柏拉图式的完美结合。这样的爱也注定会经受世俗的折磨与考验。塞莉塞特的爱是尘世的美，是属于小女孩一般的依恋。塞莉塞特渴望着梅朗德爱情的滋润和哺育，如果失去爱情也将像花一样枯萎。梅朗德因为塞莉塞特如此强的占有欲望，而更加激烈地投入阿格拉凡的怀抱，这才是他真正的爱情。塞莉塞特像孩子一样纯洁，单纯而热烈，她的热烈又是那样地可怕。塞莉塞特为了成全心上人的热恋，而不是成为他们二人的障碍，选择了自杀。此举也彻底毁掉了3个人，之前那纯洁而热烈的爱不复存在，与之带来的是无尽的羞愧和懊恼。梅朗德感觉自己身上那美好的人性光辉在一点点黯淡下去。爱是一件崇高的事情，在爱中要对自己负责、对别人负责，然而塞莉塞特的选择却造成了3个人的悲剧，理想的爱情竟如水中月镜中花一般脆弱。梅特林克的悲剧是在继承了莎士比亚悲剧的基础上更加向内探索，对两种爱情进行了美学意义上的升华，将故事的冲突制造得如此令人不忍卒读。塞莉塞特的爱情有单纯而壮烈的美，阿格拉凡的爱情有忧郁而优雅的美，这两种美都是那样地让人心醉。在《阿格拉凡和塞莉塞特》之后，梅特林克的象征主义进入了新的境界。

说到这里，就不得不提到梅特林克在悲剧方面提出的创见。这不仅体现了梅特林克开拓现代艺术的决心，也让我们看到了他在艺术方面独有的天赋。在梅特林克的时代，舞台上激荡人心的英雄传奇已经越来越少，原始的野性越来越少，开始向日常生活转向。不再是阴森古堡的仇杀，也不是口蜜腹剑的毒药，更不是无谓壮烈的厮杀，依然存在着爱情的悲剧与苦难。梅特林克提出文学家要担起新时代书写苦难的责任。呢喃细语的情话和愤怒绝望的呼叫都有自己的美、自己的光辉。人们的悲欢离合就在窄窄的屋子里、拥挤的桌椅旁展开。剧作家应通过种种的舞台语言予以展示表现。而那隐秘的原因就像幽魂一般，你一旦试图抓住，它就溜走了。梅特林克号召剧作家们用共同努力、共同思考的方法调动起观众的想象来一同感受人物的呼吸和心跳，一起去体会看似波澜不惊实则汹涌澎湃的情节，去观察人心中激情与道德、理智与欲望之间的搏斗。他提出,剧作家只有在明亮透彻的良心驱使下，才能深入人物内心去挖掘那隐秘而诡变的情愫，这些情愫更加崇高,因为它的包容性更强。要透过层层谎言、借口，要剥开种种臆想、病态，要摒弃种种傲慢、虚荣，去探索，去发现。只要在透彻明亮的良心光辉的烛照下，所有的阴暗无所遁形，直戳人物的内心，也直抵剧作家的内心。抛开一切虚伪的礼仪,抛开世俗的成见，这是每个伟大文学家都应该拥有的色彩和义务。梅特林克关于“新的悲剧”的言论可以说是振聋发聩。他在莎士比亚、易卜生的基础上大大地迈进了一步，对于象征主义的浪潮也起到了巨大的作用。

至此，他的青年文学创作之路就告一段落。人无再少年，也许不会再有这么一段时光，可以让梅特林克再重新来一遍他的青年之路。或许，就算真的有这么一个机会，可以重新再来过，他还是会毅然决然地走他曾经走过的路，看他曾经看过的风景。因为这段时光已经足够充实，在他的整个人生中，不论是给他自己，还是给世界文学史，都留下了不可磨灭的印记。

3. 壮年：创作的高潮

梅特林克的象征主义戏剧诞生在第一次世界大战

前夕，这是欧洲短暂的繁荣期，至今仍被称为“美好时代”。这也可以看出欧洲在大战一触即发之前的状态。在经济快速发展的迷途下丧失了生存的危机感，过分地迷醉于声色犬马。然而文学艺术界却发出了别样的声音，尼采高呼“上帝死了”，文学作品里到处弥漫的是绝望和死亡的气息，波德莱尔的诗歌也遭人非议。文学总是会产生先于时代眼界的产物，往往整个世界还处在混沌颓靡、不知深浅的状态时，文学已经预见了遥远的未来。所以越是在颓靡的时代，文学作品越发地现实，越发发人深省，震撼人心。但是这样深刻的文学作品，却不似世俗凡物那般，容易被常人接受，梅特林克早期作品也因为压抑的氛围，不那么容易让观众接受。

随后，梅特林克在思想上发生了转变。1901 年，他发表了童话剧《阿里亚娜与蓝胡子》，讲述的是女主人公阿里亚娜为解救被蓝胡子关押的 6 个妻子，以身犯险，嫁给蓝胡子，在此过程中经受了财宝的诱惑而不为所动，顺利地救出了 6 个被困的妻子。紧接着 1902 年，梅特林克发表了剧本《莫娜·瓦娜》，主人公在城邦陷落之际，答应敌军的请求，不顾丈夫的异议，前往敌营。在敌营中遇到的敌方大将正是自己童年的玩伴儿，对方为诉衷肠提出与瓦娜相会。瓦娜最终拯救了城邦，却被质疑通敌叛变。更甚者，丈夫开始怀疑瓦娜的纯洁，千方百计想要置瓦娜的好友于死地，这反而促成了瓦娜奋不顾身地与敌方大将也就是自己的儿时好友在一起。

1903年，梅特林克发表了象征剧《乔塞尔》。此剧讲述的是巫师爱上了自己儿子的未婚妻乔塞尔，巫师头脑中两种意识在不断地博弈。与此同时，设想种种圈套意欲拆散这对恩爱的年轻人。乔塞尔和未婚夫经受了种种考验和磨难之后取得胜利。在此剧中尤其要提到的是梅特林克采用了两个角色将巫师内心的两种意识具象化，将象征主义的手法推向了一个新的境界。这样直观地表现人物内心的纠葛和挣扎，给观众以更加直接的体会和想象。层出不穷的比喻，反复华美的排比，连配景都被作者赋予了生命。乔塞尔和未婚夫之间的呢喃情话是那样自然、生动，写得亲切感人。而巫师的私欲和父爱以及他在冲动和理智之间的挣扎也淋漓尽致地揭示出来。将平凡碎屑的生活用象征比喻的手法表现得诗意盎然。人物最细腻的感情和活动在他手下纤毫毕现，令人拍案叫绝。

1908年，梅特林克发表了自己最有名的大作梦幻剧《青鸟》。此剧一反前期悲观绝望的基调，开始展现了作家对于未来和幸福的热情探索。作品继续运用具象化的手法将故事中梦幻的、现实的、内心的、外部的情节物像都在舞台上一一呈现。主人公蒂蒂尔凭借一颗钻石的魔力游历记忆之乡、黑夜之宫、森林、坟地、幸福之宫、未来之国，为了寻找青鸟，她帮助仙女治愈她的孩子。她们每次找到的青鸟最后都一见阳光就死去了，追而不得。在这里，青鸟象征着人类苦苦追寻的幸福。我们所真正的追求只能用心感受，无关财富名望，只是内心的平和安详。主人公凭借仙女赠予的魔钻穿越时空的界限，突破有限的距离，不断地推进戏剧情节向前发展。在她们追寻的过程里，遇到了魔鬼、幽魂等，经历了黑暗、恐怖血腥的场景，但是主人公不畏艰难，继续向前行进。为探寻“一切事物和幸福的秘密”而披荆斩棘。在梅特林克泛神论的指引下，所有的东西都有生命，他把许多自然现象人格化。这里不仅是作者对于现实生活现象的捕捉，更是体现了作者对于人生许多问题的思索。在这样一种浪漫的表现方式下，体现了梅特林克深层次的思考。对于向往一种幸福安康的生活、一种有意义的生活的思考，将这种追寻的感受通过“青鸟”多次的得而复失传达给观众。他在这里也真正意义上破除了“三一律”的清规戒律。还原生活的本来面目，不是跌宕起伏的情节，而是再普通不过的生活小事。抽丝剥茧地让人物表现自己内心的感受，在琐碎的语言里挖掘真相，尊重每个人本来的生活面貌，不去横加干涉。让人物自己发言，作者与人物拉开距离，而正是如此拉近了人物与观众的距离，去掉人物身上的神圣化，将日常生活搬上舞台。

第一次世界大战爆发之后，梅特林克创作了反战题材剧本《斯蒂蒙德市长》，为躲避德国纳粹流亡美国。不知道是纳粹给他的生活和精神带来了巨大的打击，还是他本人的主观因素，这一时期，可以说是他文学生涯中的没落时期，他的诸多创作被认为开始走下坡路。在战争期间，虽然梅特林克一直都在坚持不懈地进行创作，但是他的作品所呈现出来的思想却并没有那么易于被接受，同样的，他的作品的影响力也大不如从前。在这一时期，他提出的诸多文学观念开始与时代脱节，更多的是冥想式的思考。

4. 现代主义的先行者

综述梅特林克的创作，在他的剧本当中始终都在强调着象征主义的创作原则。在他笔下，将感性和理性、现实和虚幻都结合在一起。梅特林克认为单纯的感性太过于冲动，单纯的理性太过于压抑，需要两者的结合才可以充分挖掘其中的内涵与美。他剧本中的人物并不像传统古典剧中的人物一般英勇，而是静静地接受生活的各项考验。他信奉的是唯心主义。他如同其他象征主义文学家一样，认为自然和人心之间都有一种对应的象征寓意。因此过于探索捉摸不定的内心事物，便带有了一种浓厚的神秘色彩。在淡然的忧伤情调背后，悲观的态度显而易见。通过他的如椽大笔，他流露出对于幼小弱者的同情、对于黑暗虚伪的痛斥，并带领观众一起去追寻生活的远途。

在梅特林克的剧本里，充溢着让人窒息的死亡气息。纵览他的作品，发现每个剧本里都涉及关于“死亡”的问题。甚至当时比利时天主教判定梅特林克的书是禁书。但是梅特林克对于这样的问题是严肃的，并没有一味走向虚无，而是透过死亡去看现实中的种种乱象，去思考我们生存的价值和意义，去追问我们究竟该以何种态度来面对生命。

他在创作理念上提出了要剧作家们去发现和表现生活之美，将日常生活搬上舞台，从而唤醒被琐事所压抑的观众的灵魂。他一直期望可以创作出一种接近生活的戏剧，他提出了“新的悲剧”这样的概念并予以大力实践。还经常淡化背景、淡化时空概念，将再普通不过的鸡零狗碎的生活象征化，促使观众去反思、觉醒。淡化情节，减弱外部带来的各种偶然因素，而是通过挖掘人物内心的矛盾纠葛来推动情节的向前发展。

常常笼罩在剧本中的是一股浓厚的神秘气息，跟随着他的作品，追随着他创作的情节，往往能够置身于一个充满神秘冒险的境地。运用这样的氛围塑造手法，梅特林克并不是第一人。这种艺术方式可以追溯到欧洲中世纪的神学宗教剧，可能是源于他从小所接受的传统教育，对宗教神学有一种潜移默化的接受，细细说来，也许是一种唯心主义的认识。

在梅特林克的剧本里，突出强调的是人物的内心世界，而外部世界则是相对弱化。因此推动情节发展的线索确实或明或暗，并不是非常清晰，因为常常被人物的内心大段独白所打断，有些激烈的冲突例如《玛莱娜公主》里两个国家之间的尔虞我诈乃至反目成仇这些很抓人眼球的情节并没有予以展现，只是在人物的台词中予以简单交代，这样的表达使人生的未知性和苦难感更加强烈。

在刻画人物方面，他不是平板化地处理人物，而是多角度、多层次地塑造人物形象。例如《乔塞尔》中的巫师，对巫师内心中光明善良的一面和黑暗邪恶的一面，没有以简单的二分法进行处理，而是将人物内心用两个角色的设置予以表现，一个立体真实可信的人物一下子竖立在观众心中。

梅特林克在剧本创作中运用的是多重视角的叙述手法，例如《阿格拉凡和塞莉塞特》这部剧本中，叙述的视角不断地在三个主角之间进行转化。这样做的好处就在于可以将每个人物的内心活动都予以展示，而且随着故事而演进。每个人心里的变化都得以抽丝剥茧般地细腻表达。这样的叙述方式还有另外一个好处，就是可以将故事的背景通过不同人的口述说出来，可以给观众一个丰富甚至是不同的答案，让观众自己去想象和思考，去设想自己所处的境遇。这样的多角度使用，相对来说是复杂的、多义的，甚至是错解的。但正是这样的手法才激起了我们不断阅读、不断思考的兴趣。

最值得注意的还有剧本中各个人物主体意识的觉醒。在剧本中所有的人物都有他自己的声音，而且都是那样振振有词。大家都处在一个平等的地位，不受剧作家意识的左右。也可以这样说，戏剧就是在各个人物的不断对话中展开，而这个对话始终处于未完成状态，借此来激发观众参与进来一起讨论诸多关于生命的话题。而在梅特林克诗意盎然的笔下，这些人物的内心情感也外化投射到外部环境中，现实世界和内心世界完美地融合在一起。

1949 年 5 月 6 日，87 岁的梅特林克因病逝世，结束了他这一生浪漫而又现实的文学探索之路。他的人生，跟他的作品一样，在跌宕起伏中坚毅地前行着。作为比利时最伟大的戏剧家和散文家，他的作品影响了一代又一代的人。1911 年，他在评委会的层层评选中脱颖而出，摘得当年的诺贝尔文学奖，这是对他的一种极高的肯定。在戏剧的创作上，他带给观众的神奇的想象、浪漫的情节以及超现实的深刻反思，都是一幕幕的人生大戏，让人沉浸在其中流连忘返，不能自拔。多少读者跟随着他的想象，打开了心中的那扇门，真正走进了文学的殿堂，开启了更加丰富多彩的人生。

纵观梅特林克的一生，他的三个阶段性明显的创作时期，也表现出了明显的文学特色。从颓废、死亡和命运的无常，到后期研究人生和生命的奥秘，思索道德的价值，他的一生经历了一个非常巨大的转折。也许一个人在成长的过程中，总会经历或大或小的事情，这些事情会在整个人生的漫长旅途中，影响我们前行的方向，改变我们的轨迹。但是，千万不要放弃朝着光明和远方前行，正如梅特林克一样，哪怕曾经有过消极的思想，然而只要勇敢地追寻自己内心所想，坚持自己真正的想法，就一定能够在哲思中得到升华，成就一番伟业。这位被称为“比利时的莎士比亚”的伟大剧作家，将以永恒不朽的形式活在我们心中，正如他的作品散发出来的无穷魅力，他的人生轨迹也值得我们细细评鉴。

超现实主义大师
——勒内·马格里特

勒内·弗朗索瓦·吉兰·马格里特（René François Ghislain Magritte，1898—1967），比利时超现实主义画家，画风带有明显的符号语言。出生在比利时南部的埃诺省莱西纳地区（属于瓦隆人的法语方言区）一个贫苦家庭。12岁开始学画，青年时在布鲁塞尔的比利时皇家美术学院就读两年，1918年毕业后曾在壁纸工厂负责花纹设计。20世纪20年代与巴黎的超现实主义者交往甚密，并开始潜心作画，宗法超现实主义画风。早期作品包括《会飞的塑像》（1927）和《漂亮的俘虏》（1931）。成熟期的作品色彩更为鲜明，物体位置并列，常以

勒内·马格里特

大海和天空为题材，代表作有《风云将变》(1928)、《比利牛斯山脉的城堡》(1959)等。

马格里特一生的风格变化不大，他不受流行的新技巧影响，而专注于创作奇幻的、恐怖的、充满特殊构想的形象。他的绘画作品仿佛谜语一般让人猜想，作品里浮现一种死寂的安静，表达的观点涵括了从政治到哲学的理性世界，对于其他大师们常用的有关男女情爱的题材，马格里特极少涉及。马格里特的创作对西方现代绘画，特别是对达利、马宋及年青一代的波普艺术家有较大的影响。

1. 摆脱束缚，体验快乐的人生

120 多年前比利时的环境与现在相比没有太大的差别。站在比利时东南面的阿登山上放眼望去，周围田野的景象尽收眼底。几百年的耕作塑造了这样的土地，起伏绵延的小坡上覆盖着绿茸茸的小草，远远看去像地毯一样。农田间散布着不知名的野花，瓦兹河蜿蜒逶迤，从阿登山脉发源，清澈如洗，忙碌却不泛滥。温带海洋性气候使比利时气候温和，适宜居住。

1898 年 11 月 21 日那个冬日的晚上，马格里特出生在比利时南部的莱西纳地区。这是一个充满矛盾与冲突的地区，生活在这里的居民分属两个不同的民族，界限分明，北面是弗拉芒人，他们大部分说着荷兰官话，而南面的瓦隆人却操着一口法语官话。语言就犹如一座跨越不同地域、不同文化鸿沟的桥梁，语言的不同会使人产生交流的困难，更何况弗拉芒人笃信天主教，是虔诚的天主教教徒，而瓦隆这个民族却带着些桀骜不驯的叛逆，大部分瓦隆人没有宗教信仰。宗教问题上的差异往往是冲突发生的导火线，这两个民族显得有些格格不入，矛盾不言而喻。

马格里特的童年时代是在夏勒华度过的。与风景优美的莱西纳不同，夏勒华是一个工业化城市。如果说莱西纳是一幅色调柔和的油画，夏勒华就像一幅冷峭寒戚的钢笔画。和别的工业城市并无不同，夏勒华的生活条件极为艰苦，工厂常年的运作破坏了原始的自然环境，空气污染严重，坑坑洼洼的街道上蓄着多雨的温带海洋性气候带来的降水。在这个城市，人们行色匆匆，每当工厂下班的哨音吹响，工厂的铁门打开后，人群就像流水一样涌出来赶回家。艰苦的生存环境将人们熏陶出彪悍的性格，这里有着极其复杂的司法与行政体系。

马格里特出生在一个贫苦却温馨的家庭中，父亲作为一个裁缝，他的生意一直很差，母亲则是一个做女帽的销售，夫妻俩勉强为这个家贡献一些微薄的收入。他是家中的第一个孩子，随后父母又连续生了两个男孩，一个叫保罗，一个叫雷蒙德。尽管家里并不富裕，马格里特的母亲却竭尽所能地为马格里特提供自己所能提供的最好条件，对童年时候的马格里特倾注满腔的母爱，在那个男性拼命劳动做苦力的时代，他母亲给他提供了接触绘画的机会，给他打开了一扇艺术的大门。在马格里特的童年时期，搬家是家常便饭，可谓是辗转迁徙，到过莱西纳、基利、夏特莱、夏勒华等地方。或许在幼小的马格里特眼中，夏勒华这座城市正好具备了“超现实主义”的风格。

1910年，也就是小马格里特12岁的时候，在母亲的支持下，他第一次接触了绘画，虽然那只是在夏特莱开办的类似于儿童绘画班的地方。马格里特对童年的事情并无太多记忆，能够记起的事情也寥寥无几，但是当他被人问及对童年印象最深的事情时，他总是会露出怀念的神情，向别人提起在他12岁时发生的一件事。那时候他刚开始接触绘画，12岁的小男孩总是有着无尽的精力和好奇心。每到休息的时候，他总是呼朋引伴地去附近的工厂里玩耍，这座工厂废弃已久，它的下面是一个废置的墓穴，他推开工厂生锈的门，进入下面的墓穴探险，这是他为数不多的乐趣之一。他回忆说，有一次当他从墓穴出来重见天日之时，在残破的石碑和层层的枯黄落叶之间看到了一位画家正在凝神作画，他绕到这位画家背后去看却发现他画的正是墓穴的墓碑，他看完后久久不能平静，因为画里异常真实的坟场景象却给了他一种美的印象，这种感觉就犹如魔术一般。从此以后，他觉得画画是一件神奇的事情，就像笔尖处被施了魔法一般。

1938 年，在一场演讲中他讲述了这段记忆，他说："在童年的那一段无忧无虑的日子里，每逢休息的时候，我常常和朋友在一起玩，有一次我和一个小女孩去一座位于工厂地下的废弃墓穴里进行我们的探险。我们刚刚从地下室钻出来，透过树叶漏出的斑驳阳光，我看见一个画家坐在离我不远的地方作画，他是那么地专心致志，表情是那么地严肃而认真，就仿佛在进行一项神圣的事情。我蹑手蹑脚地走近他，看到他画的是一块墓碑。在破碎的墓碑与层层枯叶的映衬下，这画面在我眼前如此栩栩如生。我深深地被吸引住了，在他画完后我忍不住和他攀谈，知道他来自布鲁塞尔。在我年幼稚嫩的眼中，他的画作就像是魔术，笔杆轻轻挥动犹如魔杖一般神奇。当我后来开始作画时才意识到，其实艺术虽然取自生活，却又远远高于生活，它与生活之间的关系并没有我们认为的那么紧密，换句话说，艺术不是生活的复刻。然而不幸的是，很多时候，当艺术家呕心沥血绞尽脑汁地尝试获得艺术上的自由时，只会换来人们无情而愚昧的嘲笑。在米勒生活的时代，他创作的《晚钟》被人们认为是侮辱农民的丑闻，还有一些愤怒的庸人想销毁马奈的《奥林匹亚》，一些所谓的艺评家们对他的作品品头论足，说他在这幅画里不该把女人画得残缺。面对指责和外行的品论，大部分的艺术家在作画时人云亦云地屈从于某些人或某些组织的想法，就此放弃了他们对创作自由的追求。一旦他们这么做,他们作画时就失去了魔力，变成了一个画匠。所以我失去了对他们的信心，我觉得不论这么做的艺术家多么有名气，他的作品多么受人追捧，我都完全不认同他的观念。作画的乐趣在于探索艺术的神秘，而这一点是我在童年时代就意识到的。通过描画一些最最离奇荒诞的画面，解放思想上的束缚，体验自由的快乐。摆在我面前的是相当有激情的挑战，这种挑战是对我早已烦透了的所谓'高尚'审美的一种推翻。于我而言，这挑战就如同我年幼时从废弃的墓穴中钻出来时看见的那一缕阳光。"

童年的快乐日子总是短暂的，人总是不知道会有什么在未来等着自己。1912 年，就在马格里特 14 岁这一年，他的母亲阿德琳娜，那个给予他爱和鼓励的慈祥的女人在桑布尔河溺水身亡，年幼的马格里特目睹了他母亲的尸体被打捞出来后衣服覆盖脸部的一幕，这一幕对他的打击有多么巨大我们只能推想了。阿德琳娜究竟是自己投河还是无意间溺水现在已经无从考证，人们对此说法不一，马格里特对此也只字不提。但是母亲的逝世给他带来了不可抚平的心灵创伤，他母亲衣物覆脸的场景在他脑海中留下了深刻的画面。这些记忆对他以后的绘画创作影响深远,他的“创伤性记忆”主题系列绘画中创作的人物就如他母亲去世时那样被衣物或者血迹覆盖着脸孔。

这段童年的经历对他的成长和生活甚至性格都造成了很大的影响，原本无忧无虑的少年渐渐变得沉默寡言，郁郁寡欢，冷静忧郁。这也使他形成了腼腆内敛的性格。从那之后，马格里特作为长兄，带着他的两个弟弟保罗和雷蒙德搬到了他们祖母生活的地方——查理诺。在查理诺，马格里特、保罗以及雷蒙德由他们的祖母和一个用人照料。他继续完成自己初中的学业后,在查理诺的一所高中学习人文科学。1913 年，他认识了他后来的妻子乔吉特·伯婕，这一年，他 15 岁，而乔吉特还不到 13 岁，他们的相识相遇如同所有爱情电影中表现的情节那样曲折而浪漫。虽然马格里特和乔吉特一见钟情，却不是顺利地走到一起的。因为马格里特辗转过很多地方，他们分开了很长一段时间，乔吉特在母亲离开人世之后，与姐姐莱昂汀一同从夏勒华搬到了比利时的首都布鲁塞尔定居。马格里特 18 岁的时候，他到布鲁塞尔的艺术学院进修学业，1918 年，他们全家人一起搬到布鲁塞尔定居。在享有“欧洲首都”美誉的布鲁塞尔，马格里特开始了他充满哲学意味又带有忧郁气质的艺术旅程。1919 年，他开始对未来主义和立体主义产生兴趣，并受到大他 10 岁的意大利画家基里诃的影响，开始了具超现实主义风格的作品的创作。1920 年的一天，马格里特再次遇到乔吉特。1922 年他与这位少年玩伴结婚。与其他的艺术家不同的是，马格里特对爱情忠贞不渝，他只有乔吉特一个女人。后来又以画壁纸和海报谋生，只有在闲暇时光才能画画。

1926 年，他开始全职绘画，并于同年画成《迷失的骑师》(Le jockey perdu)，这是他的第一幅超现实主义作品。马格里特于 1927 年在布鲁塞尔举行首次个人画展，但遭到大量侮辱性的批评。这次失败使他感到郁闷，于是他移居巴黎。

从 1927 年到 1930 年间，他在巴黎期间，认识了安德烈·布勒东(André Breton)，并加入了超现实主义者的行列，大量地创造出具有神秘寓意的迷人画作，同时也为许多时装海报或乐谱封面进行商业平面设计，1936 年他的作品到美国纽约展出，后来又在 1965 年现代艺术博物馆、1992 年大都会艺术博物馆举行回顾展。

在纳粹德国占领比利时王国期间，他坚持留在布鲁塞尔，因而与安德烈决裂。在这段时期，他放弃在作品中展现野蛮主义和超现实主义，后来又恢复了。他的画风变化不大，但也有稍许改变，例如 1943—1944

年的“雷诺阿时期”和1947—1948年的“野兽派风格时期”等。

晚年他定居在比利时布鲁塞尔。1967年8月15日因胰脏癌病逝，死后葬在苏哈比公墓（Schaerbeek Cemetery）。

2. 不拘一格，另辟蹊径

马格里特很少提及自己年幼时的生活情形，他在1938年的演讲中提到的在墓穴中偶遇画家的记忆是他提到过的三段童年生活片段之一。如果把他描述的记忆中的情景看作一幅画，那么就会发现他脑海中勾勒出的画面颇具有超现实主义画作的雏形。不妨试着在脑海中勾勒一下这样的情景：一个男孩和一个女孩，从废弃的地下墓穴里爬出来，在传统意象中，墓穴往往意味着死亡，而朝气蓬勃的孩童看见画家在画布上描绘墓地的样子，这样的画面充满了奇异的矛盾对撞，充满了强烈的对比。解读马格里特的怪诞艺术并不能以他的童年和他的梦境作为唯一的标准。而显而易见的是，如果艺术家本身没有经历过无数的偶然，自己没有对梦境或记忆中的画面进行反复思索后再创造的能力，他是无法将自己行过的路、经过的事、遇过的人、看过的风景融入一幅充满想象力、充满诗意的伟大作品中的。

马格里特对童年记忆的描述所包含的最特别的性质，就是那种意象与意象之间强烈的对比。在他的描述中，孩子本来应该是离死亡最远的生命体，却出现在墓穴这种充满死亡气息的地方。孩子朝气蓬勃，充满生命力和希望；坟地暮气沉沉，装着我们对逝去先辈们的哀悼与怀念，像这样两极对比鲜明的意象在马格里特的画里频繁出现。这种强烈的对比给人们带来了刺激与震惊，使那些即使对艺术无动于衷的人也无法再保持冷漠。他的代表作之一《光之帝国》里，白天和黑夜在同一幅画中融合在一起，呈现的就是这种强烈的对比。也许正如他说的那样："我在童年时就已经确定我的兴趣是探索艺术的神秘。通过描画一些最离奇荒诞的画面，我挣脱了心灵的束缚，放飞了思维，体验到了自由的快乐。"不得不说，这就是他的艺术宣言。

马格里特对诗意的追求是从布鲁塞尔开始的，因为即使是现在，他童年时居住的像夏勒华这种工业城市也是不适合艺术家生活的，那里没有艺术生长的土壤。在夏勒华，人们对艺术漠不关心，就如同马格里特说的那样，他们是想将马奈的《奥林匹亚》销毁的庸人。在进入布鲁塞尔美术学院后，马格里特选修了一些文学与美术课程。马格里特一直试图在他的作品中营造一种诗意的境界，他认为，如果只是对作画的对象进行简单的复制，这种作者不能被称为艺术家，而只是一个画匠。因为作品需要体现画家的个人特色，在创作时应该融入作者自己的技巧、手法以及自己的看法。

他的见解颇有道理，正如王国维在《人间词话》中说的那样，人本来就有不同的境界，而不同的境界，作画表现的方式也不同。在马格里特的画作中，意象不是单纯的意象，而是思想的化身、思想的载体；形象不是简单的外表，而是一面镜子，可以折射事物的核心。

作为一名超现实主义大师，马格里特的早期作品却并非超现实主义，他早期的作品有着立体主义和未来主义风格。立体主义和未来主义是20世纪初流行的两种风格，前者追求碎裂、解析、重组，就如毕加索的作品那样，将一个对象通过不同的角度呈现；而后者如立体主义一样也属于抽象领域的一个分支。但是马格里特的未来主义画作都是加入了一些情色主义的非正统理解，而他的立体主义画作就是简单的图解，不仅色感很差，油彩如锈迹一般没有光彩，而且大部分仅是描摹别人的画作，没有自己的特点。马格里特一直在不停地尝试找到属于自己的风格。

一次偶然的机会，马格里特欣赏到了契里科的《爱之歌》，虽然他看到的只是一幅复制品，但让他有了眼前一亮的感觉，他仿佛拨开迷雾看到了绘画的一个新的世界。他发现不同的物体在画中可以创造出一种神秘的梦幻感与诗意，于是从 1925 年开始，他对超现实主义进行了初步的探索，在探索超现实主义这种风格时，马格里特发现文字具有虚幻而诗意的特性，即文字和它所关联的事物之间是存在距离的，在这段距离中，可以产生诗意。例如，“我们的梦想又一次起航，在那蔚蓝的天空上翱翔！”这段文字并不能意味着人们在现实中也可以真真切切地看到梦想在天空中飞翔的画面，现实中绝对不可能出现的场景却能用文字描述出来，这就是文字巨大的力量。而马格里特也正是被文字的这种充满朦胧诗意而又难以言表的特性所吸引。他认为文字也是绘画的一部分，它可以直接地表现出一个异化的世界。就像在《这不是一只烟斗》《形象的叛逆》中表现的那样，马格里特在画作中的烟斗下表明这不是一只烟斗。无独有偶，他的画中还有很多类似的表达方式，这些作品表现了事物的意象与事物的内在本质之间的距离，因为融入了作者的个人特点而加深了这种距离。人们往往认为赏析马格里特的作品无从下手，他们对马格里特的怪诞风格百思不得其解。这一方面是由思想的局限性决定，另一方面是由于绘画或文字本身便与现实分离的性质所决定的。

绘画或文字与现实分离的性质也使它们具有了超越现实的力量。这也正是为什么人们常说艺术来源于现实却高于现实，绘画可以天马行空、不拘一格地把现实中的意象夸张地呈现出来，现实与图画之间就通过这种方式产生了诗意的距离。

马格里特在创作手法上彻底推翻了传统的表现手法。当你看到他陌生化的画作，你开始对“画里的烟斗到底是不是真的烟斗”这再普通不过的日常事物进行重新认识与发现。在马格里特眼中，一幅图像应该是有意义、有感觉的，试想一件仅是由简单物体的堆积和排列的画作又怎么会成为艺术品？对马格里特而言，绘画的技巧和手法只是绘画的基础，它们美学的意义才是升华。思想和文字，在本质上都是时间艺术，而绘画却是将这些无形的东西化为有形的空间艺术。马格里特的表现手法之所以为人称道，就是他通过具体的图像直接表达了难以言传的思想。也是这同样的理由，他将文字融入了画面之中，将时间艺术与空间艺术在图画上完美地结合了起来。这也就是他与众不同、另辟蹊径的地方。

3. 诗意与怪诞

马格里特是个可以将抽象且无形的思想表现出来

的画家，人的思维就如同流淌的溪流，猜不透也抓不住，但马格里特手里的画笔却能通过一笔一笔的描绘将无形的思维变成有形的图像。不同于其他画家的地方在于，他在绘画中追求艺术的本质——表达人心中的欲望和思考。或许思考本身带来的乐趣对他来说比绘画本身来得更为强烈。在马格里特的作品里，带给我们的直观表现是异于常态的事物，从而激发深层次的感性审美和理性活动。这样的作品有着深厚的意蕴和多层次的维度，是耐人回味的。《来世》的画面上描绘的坟墓，墓碑上没有任何的墓志铭，它以一种强烈嘲讽的风格提醒我们尘归尘土归土，现实的世界是唯一的世界，除了我们的肉体以外不存在另一个世界。对他而言，生命是与肉体同生共死的，没有别的可能性。当到达生命的终点——也许是一口石棺——的时候，人生的一切也就到此为止了，我们唯一可做的唯有记忆。很多人认为《记忆》这幅作品是马格里特对他母亲的缅怀，画中是一个女人头部的石像雕刻，女人的脸被血迹覆盖。脸上的血迹表明她已不在人世，而她曾经活在这世上，从此她只能活在人们的记忆里。

诸如在《情人》这幅作品里，马格里特作为比利时超现实主义画家所创作的绘画更多的是带给观者以思考，将绘画上升到哲学领域。他的这幅作品，从表面意义上来看刻画的是一对情侣被遮住了双脸，原本彼此亲密熟悉的两个人因为面前的一块白布而变得陌生疏远。若上升到文学理论层面，可以联系到俄国形式主义评论家什克洛夫斯基提出的“陌生化”。如果对其加以理解可以延伸至当下人与人之间的关系，由过去大家彼此熟悉的街里街坊到现在楼上楼下的陌生，经济高速发展的同时也在使得人与人之间彼此的信任、熟悉减少，相反带来的更多的是内心安全感的缺乏和亲朋好友之间信任的缺失。他的作品着力于描写人与社会、人与人、人与自我之间的诸多关系的扭曲和变形，而且深刻地挖掘其中所透露出来的孤独感。画作里没有激情奔放的夸张表现，只是以一种心灵被刺痛到麻木乃至于发出冷漠的戏谑和挖苦。

他的另外一幅作品《人类之子》，画作整体是趋向写实的，我们能看到一个西装革履的男人站在画面正中央，其背后是只到腰的砖墙，并可以看到男人身后的水面。男人戴着圆顶小礼帽，一个苹果不偏不倚地摆放在男人的脸前，使我们并不能看见其长相。这使得观众更想知道苹果背后的男人到底长什么模样。虽然马格里特宣称自己的作品与命名之间没有联系，但是我们知道，任何一个选择都不会是随机的，我们仍然可以从画作名字和画面之间建立联系：从之前给出的图像中，这个人物形象堪称典型，经常出现在艺术家的作品中，而《人类之子》的命名显然具备着基督教的象征意味——人类之子，耶稣在《新约》中也是这么被命名的。而这个苹果，同样也是艺术家在作品中反复利用的题材。苹果象征着自然界的美好事物，而自然后面往往隐藏着神秘。我们可以说，宗教——尤其是宗教故事，往往带有着神秘色彩，而这一特点显而易见也是马格里特所具有的，所有神秘之物之间通常带有惊人的相似。

在欧美动荡不安的20世纪，马格里特也受到了时代精神的影响。非理性的思潮、悲观的心态和虚无的历史精神，都在动摇着西方理性文化的大厦。很多人在这个大变革的时代里，生活和对传统文化的信仰被彻底摧毁了，人们开始对人类的本性产生了怀疑，对社会和人类的命运前途产生了无尽的焦虑和绝望。由于传统的绘画过于强调对外部世界的客观描绘，因此主观因素受到了一定程度的排挤。于是马格里特反其道而行之，转而探索人类的内心世界和主观表达。不再坚信传统文化的理性，开始进行文化批判，站在自我的生命立场，进行自我的反思以求找到出路。马格里特主张在绘画时摆脱一切道德和精神上的束缚，抛开思维的逻辑，在原始潜意识的驱动下进行自动创作，以求捕捉生命灵感的瞬间，创作出超越时空限制、超越理性的梦幻世界，追求一种离奇神秘的艺术风格，创作一种艰深晦涩的风格，揭示现实世界的荒诞和非理性，展现人类在现代社会的困境。在他笔下的众多的意象，已经不再是单纯意义上的图画，而是饱含着哲学意蕴的普遍性存在，昭示着人类生存所共有的无力感和危机感。

或许受到左翼政治观点的影响，马格里特一直用彻底的、激进的态度改造客观世界。在《亲和力的选择》这幅画中，鸟笼里放的不是一只如题所说的鸟而是一枚鸟蛋，画家意欲透过这样的荒诞形象挖苦人类的无知与麻木，没有穷尽的猥琐的占有欲制造了一个又一个囚禁自己与他人的囚牢，没有底线的控制欲甚至将他们的魔爪伸到了还未孵化的幼小生命上。还有一幅作品叫作《思乡》，在这幅图画里一只狮子和长着翅膀的男人共同眺望远方。不知是在思乡去追寻心中的乐园，还是想要逃离身处之地。一种人类痴迷于欲望苦海而失去通往精神家园道路的苦涩溢于画面。苦苦探索人类出路的马格里特再次怒吼出他对人性的无知和堕落、对资本主义社会生活的异化与困苦的控诉。

马格里特的艺术从另外一个异于我们日常所见的角度来表现艺术，激发我们的思考，促使我们做出改变。他用陌生化的艺术手法打通了我们的眼睛和心灵之间的通道，让我们学会跳出日常生活机械一般的生活轨道来反思和观照。马格里特的努力使得他的每一幅画作都有着近乎苛刻的完美外表，他坚信一幅画的外在表现永远不可以去违背它的精神主旨。马格里特的原意并非要推翻事物的客观性或者社会意义，然而为了艺术的重新审美，他将这些原有的意义进行了改造和升华，从而创造出一种全新的哲理意蕴，给观众的想象和审美留下足够的空间。

马格里特作品的直接或间接的审美意蕴都指向“感觉的无管理状态”，这与象征主义的诗歌有着异曲同工之妙。他的艺术作品满足了观众在视觉上的多样性和丰富性，通过他的画作，事物没被我们注意到的一些细节也都被表达了出来。而这类作品在艺术史上可以说是前所未有的，这是一种全新的绘画技巧，它不仅仅是传统绘画对事物的写实摹画，而且是通过各种扭曲、改变的艺术手段来重新创造事物的外表，从而制造出一种从未被我们注意的内在力量。什么才是重要的，按马格里特的表达方式来说，艺术品与它的模特必须相像这一点并不重要，而重要的反而是模特必须有勇气与艺术品相像。换句话来说，就是现代艺术革命的意义并不是去展示某种在我们日常生活中就已经存在的意义，恰恰相反，艺术的本质就是要对事物的本来面目进行不断的探索，挖掘出事物绝非现实所能概括的本质，带领观众进入一个全新的艺术世界。在机械可以大量复制的资本社会里，马格里特的艺术作品给我们带来了强烈的震撼效果，让我们感受到了现代艺术的无限可能性。

马格里特从最初学习绘画，到后来实践过超现实主义、未来主义和立体主义，最终，在不断的实践和努力中，他终于找到了他的艺术归宿——超现实主义。他不随波逐流，而是专注于创作荒诞的、变形的、扭曲的甚至是可怕的形象。我们在欣赏他的绘画作品时总是有不同的意见和答案，这就是马格里特的魅力。他的作品里很少涉及男女情爱这些具体的问题，更多的是对人类命运前途的深切担忧，对哲学和政治范畴里的问题进行探索和追问。

法国作家、超现实主义者勃勒东称马格里特的作品是“最清晰的超现实主义”。美国著名艺术评论家罗伯特·休斯称其为“20 世纪中具有最卓越的想象力的人之一”。马格里特的创作对整个世界范围内的绘画产生了革命性的影响和引领作用，他是走在人类前面的探索者和领头者。在西方现代绘画艺术圈里，尤其是对达利、马宋及年青一代的波普艺术家们产生了不可估量的影响，在他们的作品里依然可以看到马格里特的痕迹。马格里特的绘画风格基本保持了被称为魔幻现实主义的超现实主义风格。作品虽说表现的是日常生活的事物，却采用了各种艺术手段，将事件与细节进行重新组合和改造，从而制造出一种荒诞扭曲的别样风情，如同蒙眬睡梦中产生的奇特视觉，最终形成超现实主义绘画中独具一格的画风。

4. 对中国绘画的影响

2007 年 4 月—7 月，“马格里特的世界”艺术画展在中国美术馆开放展览，向中国观众展示这位超现实主义画家——勒内·弗朗索瓦·吉兰·马格里特的作品，这次展览的 230 件作品中包括了这位艺术家所创作的版画、素描、壁画、水彩画、油画等多种类型的作品。对于中国人来说马格里特也算是家喻户晓了，在 2005 年全国高考的文综政治科目考卷中，有一道选择题就涉及勒内·马格里特《这不是一只烟斗》(又名《形象的叛逆》)这幅画中体现的艺术作品与现实对象的关系。

《这不是一只烟斗》是一系列画作，也是马格里特的代表作之一。这幅画看似简简单单，貌不惊人，却为很多艺术理论家以及哲学家所青睐，就连法国著名的哲学家和社会思想家米歇尔·福柯都曾以《这不是一只烟斗》为题对这组画进行解读。马格里特的超现实主义画作风格在中国画界产生源源不断的影响，尽管长久以来，中国绘画都遵循其自有的传统表现方式，不太强调话语与画面的分离，画上所题的词往往与画作相呼应。《这不是一只烟斗》虽然画面上是一只极其写实的烟斗，然而烟斗下方工工整整地写着一行字——

Ceci n’est pas une pipe（这不是一只烟斗）。这种形象与文字背道而驰的创作灵感却恰恰体现了中国的一种古典美学概念，那就是“反常合道”。

“反常合道”一词来源于中国传统文化中的美学理念。“反常”从字面上理解就是违反常态，也就是指扭曲现实,这种反常并不是一种病态的不正常,而是以“合道”为基础的。也就是说，虽然不符合日常所看到的，却符合情理，从而形成艺术中的陌生化效果，这对于观众来说可以延长感受的长度并增加感受的难度，从而使观众可以重新思考并加深对常见事物的理解。超现实主义绘画是西方现代主义艺术的流派之一，受达达主义的影响，它从弗洛伊德的潜意识学说中汲取哲学的营养。而弗洛伊德的潜意识强调表现为不合日常规律的反常规的场景，正是这种虚拟性决定了超现实主义的反逻辑及非理性甚至可以说是凌乱的复杂的“反常”特征。这种风格可以追溯到20世纪初第一次世界大战结束后的时段。

第一次世界大战刚刚结束时，无论是战胜国还是战败国，在经过惨烈的大战后百废待兴，这时候的整个欧洲陷入了经济萧条、物价上涨、人民生活贫苦不堪的境地。悲观厌世的气氛笼罩在西方人的心头。艺术来源于生活，这种社会背景下，人们抱着否定一切、逃避一切的态度，追求虚幻以逃避现实的残酷。于是超现实主义一时间成为大家追捧的艺术主流，以此表达内心的郁闷。以马格里特为代表的超现实主义画家对中国绘画——尤其是中国油画的影响巨大。从 20 世纪 80 年代开始，中国有目的地对国外的艺术流派进行尝试创作。而对马格里特画作的欣赏无不说明着西方的超现实主义在中国被当作一门艺术哲学去认识并学习。80 年代中期，随着改革开放的进一步深化，中国的知识分子和艺术家们迫切需要构建一种与世界接轨的现代化艺术，而这种艺术是我们中国几千年传统文化土壤中没有萌芽生长的，于是中国的艺术家渴望超现实主义能给中国绘画带来现代艺术的文化启蒙。

马格里特等一批超现实主义画家都是在技法上偏写实的画家，而中国的很多专业画家也是从写实开始接触作画的。由于不断训练，中国的画家都有很扎实的基本功，但是中国传统的写实作画都是对物体的单纯再现，这已经不符合当代绘画艺术发展的趋势。而马格里特等超现实主义风格在具体画面处理上使中国的油画具有了情节怪诞、时空错位等颇具象征手法的超现实主义因素，这样更多地给人一种画外之境的幻想空间。

不仅如此，中国画家在学习马格里特的超现实主义风格时发扬了一贯的取其精华为我所用的传统，融入了对中国当代社会的思考。在当今这个多媒体活跃的时代，像绘画这门古老的艺术事实上已经受到了很大的冲击，只有充分体现画家个性的风格多样的画作才能成为经典经久不衰。超现实主义风格恰恰能够让画家的想象力得以充分发挥。超现实主义画家可以施展才华，让强烈的视觉冲击出乎观者意料，给他们留下想象的余地。

这位对中国画家甚至中国绘画发展都产生巨大影响的超现实主义大师究竟有着怎样不平凡的人生，不能不令人好奇。

欧洲近代漫画之父——埃尔热

1929年，一个浪漫温馨的黄昏，比利时的天空灰蒙蒙的。突然间，一片火红的霞光划过天际，穿透云彩，炙热的颜色从一开一关的窗口透进正伏案作画的埃尔热的屋中。一堆草稿文书后面，埃尔热抬起头来，安静地欣赏着意外而来的美丽。这是一间狭小的报社，埃尔热被灵感激发，在这里创作了陪伴他此后一生的漫画人物——丁丁。也正是这个头上翘起一撮黄毛的年轻记者形象，跟随埃尔热来了一场又一场说走就走的旅行，天涯海角，五湖四海，无不留下了他们的影子。而他们所到之处，又以轻松幽默的方式为世界人民展现了各地

埃尔热

的风土人情、民风异景，受到了千千万万人的追捧。

埃尔热（法语：Hergé，1907—1983），也作艾尔吉，本名乔治·勒米（Georges Remi），比利时漫画家。出生于比利时布鲁塞尔大区埃特庇克（Etterbeek）的一个普通人家，1921 年，刚满 14 岁时参加了童子军，他从那时候开始真正在绘画领域崭露头角。1929 年，他创造出了近代欧洲史，乃至全世界漫画史上最知名的漫画形象之一——丁丁，凭借这部漫画著作，埃尔热被誉为“近代欧洲漫画之父”。其漫画著作《丁丁历险记》享誉全球，不断再版。在 20 世纪 80 年代的中国，《丁丁历险记》也成了当时少数几部能够在商店中找到的外国连环画之一，在中国大地上无人不晓、无人不知。而更加奇妙的是，“丁丁”这一个形象的创造者与中国这片沃土，有着千丝万缕的联系，并与中国当代著名雕塑家张充仁有一段珍贵的友谊。这位在欧洲享受着极高尊誉的画家，有着长达几十年的中国情缘。

1. 漫画家的少年时代

1907 年 5 月 22 日，小埃尔热在比利时首都布鲁塞尔大区的埃特庇克出生，此时的他还未使用埃尔热这一笔名，他的原名是乔治·勒米（Georges Remi），“埃尔热”是他的姓名使用法语发音时的音译缩写。小时候的埃尔热调皮捣蛋，尽管他的各门学科成绩都十分优秀，但绘画成绩却并不理想。老师在上课的时候偶然间提问他，却发现他在书本上画小人，这让老师一度觉得他以后不会有出息。其实这个时候埃尔热的绘画天赋已经展现出来了。虽然他的绘画成绩不佳，但值得庆幸的是，他的父亲送他去了一家专门开发孩子各方面才艺的学校。而此后，埃尔热的艺术天分逐渐展露出来。

其实说来也巧，对于送孩子上艺术学校，埃尔热的父亲本身是不同意的。但是在老师的反复强调下，再加上埃尔热从小就特别喜欢在绘本上画各种各样奇奇怪怪的故事，他的父亲也产生了孩子注意力不集中而总是乱写乱画的误判。阴差阳错，小学毕业的埃尔热就被送到了布鲁塞尔圣卜尼斯学院就读。在这段时间，他有幸系统地学习了绘画的专业知识，为之后的绘画创作打下了坚实的基础。

1921 年，刚满 14 岁的埃尔热参加了童子军，他从那时候开始真正在绘画领域崭露头角。在参加童子军的那一段时期，埃尔热经历了一些他之前未曾经历过的事情，这对其日后创作产生了很大的影响。埃尔热也表示，丁丁的体内流淌着童子军热情坚毅的血液，在困难面前，仍然能够快乐面对，不畏惧困难，放声高歌。跟他一起参加童子军的小伙伴们，都喜欢叫他“好奇狐狸”，因为他总是对任何事情都很感兴趣，喜欢刨根问底。一旦被他盯上的事情,他总会打破砂锅问到底。似乎埃尔热自带一种天生的冒险精神，并且他擅长独立思考，能够表达独到的见解。一个人的成长，能够时刻带着好奇心是很重要的，而更加难能可贵的是，在强烈好奇心的驱使下，还能冷静地思考，表达自己的真知灼见，才最让人羡慕与佩服。

埃尔热是一个勤奋、敢于挑战的画家。在他 16 岁的时候，他独立完成了自己的第一幅绘画作品，并且勇敢地将其投给了当时的童子军校刊。这一下，就一发不可收了。他的天赋创作和扎实的绘画功底受到了众人的赏识。从 1923 年开始，他受到邀请在一份全国发刊的童子军月刊上进行连载。对于 16 岁的孩童来说，这无疑是天大的喜事。而此事，也让他在小伙伴中间小火了一把，开始有了一定的知名度。

1924 年，17 岁的埃尔热顺利地完成了学业，正式进入《20 世纪报》订阅部工作。与此同时，他在比利时童子军杂志上的连载仍在继续。在这期间，在《冒失鬼巡逻队长托托尔》中，他开放脑洞发挥想象，创造了一个可爱俏皮的金龟子童子军小队长的形象——“托托尔”，这个可爱的形象后来被认为是小记者丁丁的前身。1928 年，时任《20 世纪报》总编的父亲向他布置了一个特殊的任务，任命埃尔热创办一份增刊，目标人群是儿童，每周准备出版一个版面。正是这个机缘巧合的契机，开启了他以后长达50多年的丁丁系列绘画创作。

在接手《年轻的20世纪》初期，他还处在改编别人作品的创作初期，后来，埃尔热越来越感觉到这些过时的漫画成品束缚了他天马行空的想象，并且老旧的上图下文的故事模式也让他产生了厌恶。对于漫画，埃尔热有自己独到的理解，同时他也想通过一种新兴的绘画形式来表达自己想要传达的思想。于是，一场伟大的漫画改革开始了。也许当时，埃尔热也没想到，自己对于漫画的喜爱及独到的见解，竟然在漫长的传播历史中，真的影响了一代又一代的人。

在否定了原来老套的漫画创作之后，埃尔热借鉴当时美国的报纸连环画，不再采用图文搭配、上图下文的绘画手法，而是将文字内容直接穿插到图片当中，省去了“上看一张图，下瞅一眼文”的烦琐步骤，使文案内容以旁白的形式出现在漫画人物周边，这样能够使剧情成为一个整体，融合在一起，而不拖沓。这种漫画形式对于我们现在来说很常见，也可以说，正是由于埃尔热的普及，这种蒙太奇式的分格手法才被大众熟知并且广泛地传播应用开来。

自从确定了自己的漫画风格以及处理故事情节的手法后，埃尔热便心无旁骛地开始创作属于自己的漫画形象。因为《年轻的20世纪》的初衷是向广大青少年介绍世界各国的风土人情、文化民俗，于是经过大量的草稿绘图，他在自己创作的众多漫画任务中，挑选了一个脸庞圆润、一撮黄毛翘起的小伙子的形象，给他起名为“丁丁”。他还为丁丁创作了一个忠实可爱的小伙伴——一只小白狗“咪罗”，据说这是他的女朋友的名字，也有长久相伴的意思。后来在英文版的《丁丁历险记》发行时，跟随着丁丁历险的小狗名字被改为“白雪”。

在做了大量的准备工作后，埃尔热终于创作出了带有自己特色的漫画作品。1929年1月，他的第一本“丁丁系列”绘本《丁丁在苏联》正式开始连载。这也意味着，埃尔热大师的“丁丁系列”漫画大作正式拉开了帷幕。虽然当时并不能预见到其作品所达到的高度和带给人们的影响，但来自全世界的读者都在鼓励、赞颂着作者，希望他能够长久地创作下去。于是，他一画就是50年之久。漫画伴随了他的一生，又或者说，这位终身未生育的大师，将丁丁当成自己的孩子一样呵护照料，使他不断成长，让这个孩子陪伴了自己一生。更重要的是，在他挫折的生活中，丁丁更像是他的一面镜子，不断折射出他的人生轨迹，悲喜交加，反反复复，斗转星移。

《丁丁在苏联》，在幽默诙谐的描绘中，对斯大林时期苏联政局产生的一系列负面现象进行了有力的抨击。漫画持续连载，好评如潮。到了 1930 年，伴随着《丁丁在苏联》的完结，丁丁的第一次历险记结束了，在报刊发表通知即将结束连载的时候，全世界的读者朋友都给报社写信，要求不要停止丁丁的历险。于是，应广大读者朋友的要求，埃尔热打算继续创作，这一次，他将目光投向了纽约。

就在他如火如荼地准备纽约历险记的时候，《年轻的 20 世纪》的主编表示，希望埃尔热能够将目光锁定在比利时当时的殖民地——刚果。因为此时埃尔热的漫画已经产生了很大的影响力，报社出于响应国家、响应政府去殖民地创业的号召，希望通过丁丁历险记向人们展示一些殖民地的浪漫而又美好的事情，而吸引大批的年轻人前往非洲创业。这种政治色彩浓烈的要求严重阻碍了他的创作思路，以至于第二部丁丁历险记创作出来后，读者反映作者诚意不足，认为整个故事所表现出来的情节拖沓、框架松散、没有主题及只是粗浅的幽默段子的集锦等。在创作《丁丁在美洲》的时候，埃尔热与决策层的意见相左，再次受到打击。不过这一次，他选择了巧妙委婉地表达，最终运用巧妙的手法在漫画中含蓄地揭露了美国资本家唯利是图的本质，并对受压迫的美国印第安人表达了深深的同情。

试想，如果埃尔热在与上层领导意见相左的时候，一味地乖巧听话，或者强硬对抗，最终放弃创作，这些结局都不是我们所希望看到的。而作者在接二连三地被“操作”，仍然能够在干扰中保持自己的本心，仍然能够巧妙地化阻碍为动力，坚持自己的艺术创作，是非常难能可贵的。他的作品不仅是一部部漫画，更是承载了他的诸多想法的一面镜子，不仅反映了他的思想，更是他真实生活的写照。

埃尔热一生的绘画成就非常显著，《丁丁历险记》的一系列作品，基本上每部都引起了巨大的轰动。对于中国读者来说，最熟悉的莫过于《蓝莲花》和《丁丁在西藏》了。除了漫画作品中所呈现出来的原汁原味的中国元素外，埃尔热本人与中国也是有着不解之缘。

2. 欧洲连环画大师的中国情缘

埃尔热与中国的情缘，还要从 1934 年开始讲起。彼时的埃尔热已经收获了众多忠实的读者，“丁丁系列”单行本已经多次出版,知名度响彻四海。正是这个时候，与他合作的著名出版社卡斯特曼（Casterman）给他的生活带来了巨大的改变。他忽然突发奇想，想要让丁丁去一趟中国，去看看这个国家到底是怎样的一个状态。

彼时的中国，正战火纷飞，外界对中国的了解，还停留在清政府的腐败、民国政府的软弱以及无休止的战争中。值得一提的是，埃尔热之前的漫画虽然都大获成功，但是作者本人却从未踏足过其漫画作品中的那些地方。虽然能够引起广大读者共鸣的这些漫画连载并不是作者通过一拍脑门想出来的这么简单，但是也确实忽略了真实的背景、真实的社会景象，属于艺术创作的范畴。然而自从埃尔热有了让丁丁去中国旅行的打算后,就收到了诸多华侨华裔的热心帮助。其中，戈赛神父向他推荐的一位中国留学生为埃尔热提供帮助，这个留学生可以说改变了埃尔热的一生，成为推进他里程碑式转变的关键人物。这个人后来也成了埃尔热一生的挚友，他就是张充仁。

张充仁是中国当代著名的雕塑家，他出生在1907，出生地是上海徐家汇，早在几十年前，他的父亲从一个偏远的地方来到徐家汇研习工艺美术，因天赋极高，父亲在绘画、雕刻方面都样样精通。张充仁在父亲身边长大，对父亲的雕刻绘画日日耳濡目染，再加上他本身自幼喜爱美术，于是到了1931年，24岁的张充仁在亲友的帮助下，有幸获得了“中比庚子赔款”的助学金，远赴比利时皇家美术学院深造。也正是在布鲁塞尔皇家美术学院学习的这段时间，他认识了当时已经名振比利时的漫画家埃尔热。

这两位年纪相仿的年轻人在偶然间相遇，一经遇到就表现出了一见如故的情谊，短短几天便成为莫逆之交。埃尔热热情地邀请张充仁住在他的家中，听他讲述中国历代的帝王兴衰，讲述从古至今一直连绵不断的中国历史，讲述中国五千年来沉淀下来的民族文化，讲述充满哲学之光的孔孟之道，以及讲述在近代以来中国人民受外族侵略所受的苦难……一连几个星期，两人同吃同住，相谈甚欢。埃尔热说，在他遇到张充仁之前，他的世界观几乎和所有的欧洲人一样，对中国的认识停留在被世界列强强行打开国门的清政府时代，软弱、落后。

从未去过中国的埃尔热改变了自己的世界观，并开始着手创作新一期的连载漫画。可以说，这个时候，这位欧洲近代漫画之父的艺术生涯面临着他这一生中最重要的转折点。而这两个转折点都与张充仁有关，或者说，与中国有关。

1935 年 8 月 9 日，埃尔热的又一部漫画巨制《丁丁历险记》的中国系列《蓝莲花》正式出版连载。这部作品中，埃尔热表现出了两个重要的转折点。其一，整部漫画的创作，都是基于埃尔热从张充仁那里了解到的真实情况所创作，而非虚构杜撰；其二，这部作品中，埃尔热打破了自己原先的绘画手法，在其中加入了许多张充仁传授的中国绘画元素，甚至在有些涉及中国汉字和部分中国背景的地方，是由张充仁亲自执笔描绘，或者张充仁画完后，再由埃尔热临摹出来。这两个转折点，对其以后的创作都有影响。

到此时，埃尔热已在不知不觉中改变，向欧洲现实主义漫画的奠基人方向前进。《蓝莲花》发行后，整部作品受到读者的一致好评。看过漫画的人都跟埃尔热一样，从内心深处萌发出了想真正了解中国的愿望，了解那个离他们遥远的、故事里的中国。这部漫画除了大量写实外，在作品结构上，故事的主线清晰明朗，有始有终，更难能可贵的是，在一系列铺垫中，它通过一个小事件反映了当时中国社会的复杂现状，并且加入了许多深刻而又积极的思想。

值得一提的是，这部作品中，埃尔热展现出来的自己向张充仁学到的中国画中的白描手法和设色技法也受到了广大读者的追捧。该书中随处可见的中国元素，掀起了欧洲文化研究中的一股中国热。有人认为，《丁丁历险记》是近代中国连环画的源头，而创作者埃尔热也从中国画的元素中受益匪浅。这也是中国传统国画艺术，对欧洲现代连环画产生的潜移默化的重要影响。一边是传承千年的中国古典绘画技巧，一边是近代漫画探索的先驱手法，这两者在相互碰撞中不断完善，在相互融合中大放异彩，历史在此交织成一个完美的弧圈。

也正是这部《蓝莲花》的出版，让中国人民认识了这位在中国人民水深火热的时候，给予中国人民精神支持的伟大画家。如果我们认真品读一下《蓝莲花》这本漫画，就能真正地走进埃尔热笔下所描绘的那个时代的那些情意。《蓝莲花》讲述的是小记者丁丁在游历中来到了中国上海，偶然间得知了南京铁路事件的真相是源于日本政府想要蓄意通过阴谋炸毁上海，这让本来置身事外的丁丁大为震惊。值得注意的是，在漫画中，埃尔热特意描绘了一个叫“张仲仁”的中国男孩，这个男孩是以张充仁为原型的，两人一起出现在了《蓝莲花》的故事连载中，并在漫画中延续了现实生活的亲密无间。在作者巧妙的安排下，张仲仁在生命垂危之际被丁丁从浦口激流的洪水中救起，这两个年轻人瘫坐在一截木头上开始了漫长的促膝交谈，两人在真诚的谈话间，消除了彼此间的误解，最终结伴而行。整个故事在构思上缜密周到，节奏鲜明适度，并且深深扎根于现实之中。让人跟随着作者的笔触，仿佛看到了远在大洋彼岸的水深火热中的中国，看到了日本帝国主义的嚣张跋扈以及无赖行径。

也正是从《蓝莲花》这部漫画开始，埃尔热的创作大胆地介入政治话题。埃尔热在接受采访时曾经谈道：他是通过张充仁，才认识到真正的中国，认识到日本帝国主义对中国人民犯下的罪行。他希望通过他的漫画创作，能够将真实的历史反映出来，希望让更多的人了解，在20世纪30年代，著名的“九一八事变”背后，暗藏着日本帝国主义的罪状。在他的作品中，很多文字表现出了强烈的反日色彩，还有他对日本远东政策的批判。这个时候第二次世界大战的战火还没有烧到欧洲大陆，但是这部作品所具有的前瞻意义也是划时代的。等到比利时人民也遭受到德国的占领，战火烧到了自己的门前时，这种现实意义才能更加深刻地表达出来。

事实上，《蓝莲花》的政治色彩是异常浓烈的。在漫画出版后，一些未能预料到此部作品所反映的现实意义的深刻性和重要性，且思想狭隘、害怕引起外交冲突的“大人们”对漫画进行了严厉的批评，指责作者所写的东西是不适宜青少年儿童阅读的。然而，面对一系列的质疑，埃尔热并没有妥协，相反，在作品出版后，更多的人还是选择站在作者的一边，因为事实证明，《蓝莲花》出版后受到了广大孩子的追捧，他们都爱极了这个故事。

埃尔热曾经说过：“对我来说，让丁丁游历了一个真实的中国，简直是让人血脉偾张，热血沸腾。”对于正处于水深火热的广大中国人民来说，《蓝莲花》背后所深藏的对中国人民的支持，让民众感到了意外的惊喜，为了表达对埃尔热的感谢。在《蓝莲花》出版后没多久，他就收到宋美龄发来的访华邀请。但是，时值欧战一触即发，埃尔热受邀来访中国的行程被迫耽搁，无限延期。多年以后的1973年，埃尔热终于来到中国台湾，也算了了这一桩来趟中国的夙愿。

自打1935年张充仁在布鲁塞尔皇家美术学院学成归国后，这两位知己朋友就很难再相见了。1939年，第二次世界大战爆发，战火在中比两国都蔓延开来，两位跨国友人的联系就此中断。此后的漫长岁月中，埃尔热和张充仁都经历了一些生命中不愿回忆的事情，这段时间两人继续失联。虽然在比利时相处的岁月短暂，但对于他们来说却埋下了深深的思念之情。这两位分开的故人，无时无刻不盼望着能够再团聚。

1935年，埃尔热为法文周刊创造出一些新的人物漫画故事《乔·赛特和游果历险记》，后来重新绘画后出版了5本。1942年，卡斯特曼出版社决定将“丁丁系列”以全色（64页）印刷出版发行。1946年9月26日，《丁丁周刊》第一期出版。1950年，埃尔热招募了一些合作者并建立了埃尔热工作室。

1960年，丁丁登上银幕。比利时年轻演员特尔博（Talbot），在《丁丁和神秘的金羊毛》中饰演丁丁。埃尔热发现了这种现代艺术形式，这给他带来了新的创作热情和灵感。1969年，布鲁塞尔的布尔维森工作室根据他的《太阳的囚徒》创作了同名卡通片。1973年，卡斯特曼出版社出版了第一卷《埃尔热全集》。由此《丁丁在苏联》在面世 40 年后再度出版。他正是在 50 多岁时花了 10 年时间周游世界，并于 1973 年到达中国。

在这期间，思念旧友的埃尔热于 1958 年再一次创作了一部关于中国的漫画——《丁丁在西藏》。这一次，作者饱含着对故友的思念之情，创作了丁丁和张仲仁在西藏的故事。在漫画中有一个很真实的场景描述，当丁丁听到张仲仁的死讯时，他的泪水顷刻间涌上眼眶；当他在茫茫雪山上，历经千难万险终于找到自己的中国朋友时，激动得热泪盈眶。在雪白纯洁、没有任何杂念的西藏，这样的安排表达了他对旧友的日夜思念之情。在作者埃尔热的观念中，《丁丁在西藏》就是“一曲友谊的赞歌”。

埃尔热曾在接受记者采访时给予张充仁这样的评价：“因为他，我更加懂得友谊的含义、诗歌的意境和自然的意义。这是一个出类拔萃的小伙子！他让我发现和爱上了中国诗歌与中国文学。它们讲究‘风骨’，灵感之风，意象之骨。对我来说这是一大启示。”由此看来，埃尔热和张充仁这两位异国朋友，在他们短暂的相会相知中，带给了彼此无法割舍的友谊。因为张充仁，埃尔热开始接触中国绘画技巧，接触中国的诗词歌赋，并逐渐走上了写实主义之路；因为张充仁，埃尔热喜欢上了中国。

正是怀着一份不舍的情意，埃尔热对张充仁的寻找从未停止过。1981 年 3 月 19 日，埃尔热在写信给中国政府后，获得了中国政府的帮助，辗转之下终于与张充仁获得联系。这两位偶然间相遇的艺术家，在分别了长达近 50 年的时间后，终于又一次得见。1981 年，张充仁迈着老迈的脚步走出布鲁塞尔机场，埃尔热亲自前来迎接他。在阔别了将近半个世纪以后，这两位老人终于重聚。他们热情相拥，就如同《丁丁在西藏》中的丁丁与张仲仁，在经历生死的考验后又重新拥抱在一起。1983 年 3 月 3 日，埃尔热因罹患白血病去世，享年 75 岁。他没能完成他的最后一部创作——《丁丁与阿尔法艺术》。丁丁停止了旅行。十几年后，张充仁在 80 多岁的时候，仍然坚持完成了已故画家埃尔热的半身雕塑，以此来纪念这位已故的朋友。

现今，张充仁的女儿张以菲担任布鲁塞尔丁丁博物馆纪念品部的负责人。两位老人的友情得到传承，两人的情谊让人钦佩。

3. 属于全世界的《丁丁历险记》

埃尔热的一生都保持着高度的绘画创作热情，他的绘画作品之多，创作质量之高，流传程度之广，都值得称道。他的作品不仅趣味性十足，能够轻易地吸引人阅读，并且能将他的思想完美地融合其中，起到了十分积极健康的引导作用。90 年来，《丁丁历险记》从比利时的一个小报社走出来，走到了全世界人民的面前，在这个脸庞圆润、头上翘起一撮黄毛的小记者的引领下，各国人民纷纷驻足在埃尔热笔下的大千世界，跟随着他的悲喜哀怨，跟随着他的炽热真心，睁大双眼认真审视着不断变化、快速发展的国家和人民。作为 20 世纪最伟大的漫画家之一，欧洲近代漫画之父埃尔热无疑是值得人民永远赞叹和怀念的，而其留下来的诸多作品，也让人回味无穷。

除了《丁丁历险记》外，埃尔热在其一生的艺术生涯中，还尝试创作过《奎克和福拉皮克》《乔·赛特和游果历险记》等漫画，但这些漫画作品都不如《丁丁历险记》那样有名。在埃尔热一生追求的丁丁历险记中，经过统计，丁丁的历险故事总共出版了 25 本单行本。这些漫画起初都是在报纸上连载，而后在广大读者的追捧下集结发行了单行本。每一本故事，都真实地展现了那个年代的时代背景、社会场景以及生活场景。有人说，《丁丁历险记》不单单是一部部游记，它还是细致记录 20 世纪各个国家时代图景的一部“《史记》”。

对于“丁丁”为什么能够受到世界人民的热爱，短时间内风靡世界并且长盛不衰，很多人对此进行了深入的研究。结合作者埃尔热本人的生平事迹以及最终发行的25本单行本《丁丁历险记》，在不断深入的挖掘中，得出了以下一些结论。

首先，主人公丁丁游历世界，获得了全世界人民的广泛认同。丁丁的英雄事迹遍布全世界。不论是美洲、亚洲、非洲……都遍布丁丁的足迹，并且所到之处，都给人留下了深刻的印象。丁丁首次横渡大西洋来到美国的时候，误入美国芝加哥匪帮的势力范围，他勇敢地帮助印第安人与匪帮斡旋并战胜了匪帮。在丁丁和流浪汉的故事中，丁丁和船长被迫卷入了一场政治争论中，船长不幸成为人质。丁丁逃出，却为了拯救他的朋友杜庞杜邦和卡丝塔菲果，最终发动革命夺取政权……这样的故事数不胜数，丁丁总是在意外中陷入危机，但他总是能机智应对，从不妥协，绝不放弃。

同时丁丁是和平和正义的化身，喊出了世界人民企盼和平的心声。游历中的丁丁所到之处无不存在着不合理现象，而丁丁并不是视而不见，而是勇敢地与其斗争。在丁丁的游历中，他表现出了对金钱至上的军火商和毒品贩子的猛烈抨击；丁丁从1975年起，就开始从自身做起，改穿劳动布裤出门，时刻佩戴着和平徽章，并且很拉风地骑着摩托车宣传反战。他总是在力所能及地倡导和平，抒发正义，无时无刻不在表达各国人民爱好和平的心愿。

在埃尔热的一生当中，有一个重要的小插曲。第二次世界大战期间，比利时战败，布鲁塞尔被德国攻陷。在此期间，埃尔热四次被德国统治者拘捕，但又总是被迅速释放。在他被捕期间，从未受过体罚，但是在被释放后，他的创作受到限制。据统计，在德战期间，他的漫画创作多以喧闹的破案和寻宝故事为主，完全没有战争的影子，埃尔热此举被批是在为德国当局粉饰太平。这一时期，埃尔热成了一个充满争议的人物，他的一位传记作者认为，“埃尔热后来肯定为那段历史后悔过，这到底有损于他的名声”。然而在比利时恢复独立后，埃尔热的粉丝仍旧愿意相信，他从未做过对不起国家的事情。相反，他们认为他在第二次世界大战期间的作品，以诙谐幽默带给了处在黑暗中的人们一丝光亮。

其次，《丁丁历险记》出色的艺术魅力打动了全世界的读者。除了埃尔热在被逼迫的情况下出版的作品以外，基本上每一本《丁丁历险记》中，主人公在全世界游历时都充满故事，趣味性十足，并且高潮迭起。为了打造出长盛不衰的故事情节，埃尔热每天绞尽脑汁地构思，以保持漫画情节对读者有足够的吸引力。从每一个桥段的发生到场面间的连接过渡，再到各个大小细节，埃尔热都费尽心思去编排。从故事构思上来说，丁丁的每一次历险都是曲折离奇，险象环生，而又恰到好处地化险为夷，在悬念连连下高潮迭起，环环相扣，每个场景既在意料之外又在情理之中，十分巧妙而自然，故事性强，使读者难以释卷。

从作品的语言运用上来说，虽然丁丁的语言文字并不占据主要画面，但是作者出神入化的语言功底仍旧为作品增色不少。在巧妙的故事情节中，人物之间的对白凝练又生动、幽默又自然。在看似不经意的一两句文本点染中，便能够十分传神地表现出这个人物的性格特点和当时的心态，让读者在微微一笑中对故事情节了如指掌。从故事情景的营造方面来说，“丁丁”的画面或许不如今日的许多欧美漫画那么精美，但正是它所具有的极强的文学性、现实性、哲学性，使它最后真正走进了人们心中，真正引发起读者的共鸣，给人们留下深刻的印象。

法国前总统戴高乐曾经说过：“生活的坎坷能和我相比的，世界上只有一个人，这个人就是丁丁。”一位总统将自己的传奇一生与一个漫画角色做类比，这无疑是漫画作者最大的成功。戴高乐总统在这部漫画中找到了自己的影子，而更多的人在丁丁历险的过程中，受其影响，在心灵深处埋下了美好的种子。埃尔热说，“丁丁”就是他自己。而我们，何尝不都是“丁丁”。

《丁丁历险记》系列漫画在世界舞台上一直闪耀至今，受到全世界人民的喜爱，在绘本持续畅销的情况下，还被拍成了两部电影和三部动画片。半个世纪以来,《丁丁历险记》被翻译成了包括中文在内的近 60 种语言出版。1988 年，在埃尔热去世 5 周年后,《丁丁历险记》中的所有角色被绘制在了布鲁塞尔的地铁站。人们通过这种方式纪念这位受拥戴的漫画作者。在法国文艺界，人们对他的评价出奇高，认为他是名垂青史的漫画家，是“儿童的良师益友”。

将近一个世纪以来，无论是在比利时人心中还是在世界人民的心中，丁丁和埃尔热早已融合到了一起。丁丁作为埃尔热的理想化身，在游历中实现了作者的人生理想。埃尔热通过丁丁，无意中让作品回答了自己提出的问题。而埃尔热的问题，也正是每个读者的问题。在每个迷茫的时期，总会有一束光亮在前方，那就是丁丁所幻化的精神力量。正是这个比利时的作家，带着他创造的完美记者丁丁，影响了世界上一代又一代的人。

动力学的诗人——伊利亚·普里高津

伊利亚·普里高津（Ilya Prigogine，1917—2003），比利时物理化学家和理论物理学家。生于莫斯科，1921年随家旅居德国。1929年定居比利时，1949年加入比利时国籍。他于1934年进入布鲁塞尔自由大学，攻读化学和物理，1939年获理科硕士学位，1941年获博士学位。1947年任该校理学院教授。1953年当选为比利时皇家科学院院士。1959年任索尔维国际理化研究所所长。1967年兼任美国奥斯汀德克萨斯大学的统计力学和热力学研究中心主任。他的主要著作有《化学热力学》《不可逆过程热力学导论》《非平衡统计力学》和

伊利亚·普里高津

《非平衡系统中的自组织》等。

普里高津是布鲁塞尔学派的首领，他在非平衡态不可逆过程的热力学这一比较冷门的领域提出耗散结构理论而闻名于世。1977 年，60 岁的普里高津在组委会的一致认可下荣获诺贝尔化学奖。耗散结构理论一经提出，就引起了巨大的轰动，也随着诺贝尔奖获得而广为人知。他的研究，不仅仅是对过去研究的挖掘，更是在前人研究的领域之外。他把将近一世纪前由克劳修斯（Clausius,R.J.E）创立的热力学第二定律扩大应用于研究非平衡态的热力学现象，开拓了一个过去很少受人注意的崭新领域，被认为是近 20 多年来理论物理、理论化学和理论生物学方面取得的最重大进展之一。普里高津在长期而广泛的研究工作中形成了自己的哲学观点，他的许多科学理论观点极富辩证思想。同时他的观点又神奇地与中国古代“天人合一”思想完美契合，充满了极富哲思的辩证思想。他的研究与主流物理学家存在偏差，却同样作出了突出的贡献，值得人尊敬与怀念。

1. 稳扎稳打的成长道路

每个人成功的背后，都有着令人折服的人生历程。有的人在很小的时候就知道自己的兴趣爱好，长大以后朝着自己的方向一步一步前进；有的人在选择了自己的人生道路后，稳扎稳打，一步步前行，最终将兴趣转化为巨大的成就，被后人尊敬与仰慕。普里高津就是后一种人，他在年轻的时候还未显现出极高的物理天分，然而在攀登科学的过程中，另辟蹊径，一步一个脚印，做出了令人瞩目的成就。

1917 年 1 月 25 日，伊利亚·普里高津出生在寒冷的莫斯科。他出生的时候大雪纷飞，冰冻三尺。尽管冬天的莫斯科让人寒冷难耐，但是他的出生却给这个家庭带来了暖洋洋的喜悦之情，谁也没曾想到，未来物理学界、化学界，甚至是哲学界的巨星，就在此时诞生了，此后不仅照亮了比利时，也照亮了整个世界。1921 年，由于父母工作的原因，普里高津一家搬迁到了德国，开始了 8 年的旅居生活。从他 12 岁开始，比利时布鲁塞尔就成了他真正的家。1929 年，普里高津定居比利时，从此开启了在比利时漫长的生活以及学术研究。

早年的旅居生活给他带来了广阔的视野，他在欧洲饱览各地山河，看到了很多印象深刻的风景，也逐步开始树立了属于自己的世界观。1934 年，普里高津凭借扎实的基础知识，进入了布鲁塞尔自由大学开始攻读化学和物理。比利时的布鲁塞尔自由大学是一所历史悠久的培养人才的学府，在国际上享有极高的地位，其开放的学风吸引了无数人前往深造。在布鲁塞尔读书的日子，普里高津就已经深深地爱上了自己所学的专业。他聪明勤奋，常常一整天一整天地泡在书海里，三点一线地往返于宿舍、图书馆和教室。他天资聪颖，在学校的时候表现出色，经学校批准接连跳级。1939 年，他利用 5 年的在校时间，顺利完成了本科和硕士的课程，成功获得了理科硕士学位。2 年后，他又以出色的成绩完成了博士课程的学习，并最终取得了博士学位。

要说普里高津在校期间有什么突出的优点，那无疑就是他的勤学与创新了。这个世界上，不怕别人比自己聪明，就怕聪明人还比自己勤奋。读书期间，他总是早起晚睡，一整天的时间都在钻研自己的项目。对每一个细致的学术知识都掌握得一清二楚，他的成功之路，是建立在每一步稳扎稳打、每一步踏踏实实的勤学苦练基础上的。年少时候勤奋刻苦的拼搏时光为他日后在学术研究上的发力打下了坚实的基础，他的事迹被人传诵。

1947 年，已经小有成就的普里高津担任了布鲁塞尔自由大学的理学院教授，开始了他在科学教育第一线的传道授业解惑阶段。这个时候，距离他提出线性不可逆过程热力学理论的主要基石之一的最小熵产生定理仅仅过去了 2 年。然而，亲自走上教书育人的第一线，也让他有了一个十分稳定的平台，以传播自己的学术研究成果，同时也吸引了许多深表认可的学生的研究兴趣，纷纷加入老师的研究队列。这也是布鲁塞尔学派的一个前期发展，作为该领域的开拓者与创新者，普里高津引领着他的团队朝着光明的方向稳步前进。

随着人员的壮大，研究方向的日渐明确，他的研究有了明显的成效，影响力也随之大幅度提高。1953年，36岁的普里高津被推选为比利时皇家科学院院士。6年后，普里高津因为在化学方面的突出贡献，被任命为索尔维国际理化研究所的所长。索尔维是比利时著名的化学家，在比利时，有一项奖项是以索尔维的名字命名的，即“索尔维科学奖”，该奖项是比利时科学研究基金会设立的一项为取得杰出成就的科学家而颁发的奖项，该项奖每5年颁发1次。而在普里高津成为比利时皇家科学院院士后，他在化学热力学、溶液理论、非平衡统计力学等方面都作出了突出的贡献。因此，当索尔维国际理化研究所需要一位德高望重的人任职所长时，普里高津受到一致推举，出任了这一职位。1967年，50岁的普里高津因为在各方面取得的杰出贡献，成功当选为美国科学院院士，并且在同年，他受到美国奥斯汀德克萨斯大学的邀请，前去担任统计力学和热力学研究中心的主任。

普里高津的人生是幸运的，他总能在第一时间把自己的研究与实践结合起来，并且能够在学生之间以及社会上广泛传播开来。在他以各种各样的头衔任职过程中，他迅速积累了自己的一手传播群体，吸引了众多志同道合的人与他一起在新的领域开拓创新。也正是由于他的开拓与传播，他的成果才能在反反复复的推论中经得起实践的考验，才能在近代科学的历史上不断向前发展。

1945—1960 年是普里高津人生中一个重要的转折期。20 世纪 40 年代，他在物理学领域的非平衡态热力学的研究中，通过种种复杂的实验公式，证明了十分著名的最小熵产生定理。这份研究成果让他声名大噪，然而在此后的阶段，他的兴趣突变，独辟蹊径，转而向另一个新的领域开拓发展。在 20 多年的奋斗中，他没有再继续局限在前辈们打开的领域，没有选择站在巨人的肩膀上傲视这个世界，而是选择了一条与成功看似不搭边的新路。然而，哪怕是这样，20 年的默默奋斗，他和他的同事们都毅然决然地坚持了下来。普里高津一研究就是 20 年。经过 20 年的埋头苦干，20 世纪 60 年代，普里高津终于和他的团队提出划时代的耗散结构理论，其基本结论认为：封闭没有发展，平衡也没有发展。回看普里高津的一生，非平衡态热力学和耗散结构理论，是他一生最重要的两个学术研究成果，这两项研究，不仅仅是近代科学史上一项重要的科学成果，而且昭示了一种全新的自组织发展观。

“发展的道路并不是一往直前，而是充满着分叉和选择。”这是一句表达哲思的句子，同样也是普里高津所研究的耗散结构理论的一个重要组成部分。回看历史，在普里高津的一生中，他的人生道路上也充满着诸多的分叉和选择。然而无论科学研究的路怎样艰难，他都义无反顾地走了下去。

2. 诺贝尔化学奖背后的哲学之光

在普里高津的一生中，最受人瞩目的时刻莫过于1977年荣获诺贝尔化学奖时。当我们审视普里高津的生命轨迹时，不难发现，他的成功不是机缘巧合，而是经过漫长岁月的沉稳积淀，最终在大众眼中大放异彩的过程。

纵观普里高津的科研道路，他的学术研究经历了由简入繁的一个变化过程。在早年间，他的主要研究领域集中在近代化学领域，对化学反应进行了透彻的研究；中年时候，他开始花费大量的心思来研究热力学和统计物理，在这个方面投入了自己的全部精力；到了晚年，他开始深入量子混沌的理论基础研究中，也取得了非凡的成就。在他的整个科研经历中，最为出彩的，被普遍认可的就是其中年时候开始研究的热力学和统计物理。虽然说这个成果是他受到质疑最多的一个研究方向，然而他获得诺贝尔化学奖却正是因为这个研究。就普里高津的科研成果而言，虽然涉及学术研究，专业性较强，但是他的这个研究结论用通俗化方式理解，会很有趣。

在普里高津看来，世间万物之间的存在并非混沌的一片，在看似杂乱无章的万事万物中，其实存在着很有规律的时间与空间上的相对顺序。当我们置身在非平衡系统中来看世间的万事万物，物体之间在物质与能量相互交换的情况下，会有复杂的非线性相干效应出现，这个时候，在物体本身中就可能产生“自组织”现象。普里高津提出的耗散结构理论就是研究，当系统处在一个非平衡状态、物体之间有能量的相互交换的情况下，万事万物从初始状态的混沌无序向稳定有序的组织结构进行演化，这种情况发生时的过程和规律，并且在他的研究中，还试图描述出系统在这种情况下发生变化时所处的临界点以及附近的相变条件和行为。这些都是值得仔细研究的。

这一理论成果翻译成我们能理解的话语就是：世间上存在的万事万物都是不断变化的，在它们发生变化的过程中，首先要明确的是它们的演化根本都是由于事物内部本身结构会产生变化，由此带来由内而外的变化。如果要探究引起事物本质的内在变化原因，则是由于万事万物中，其内部本身就存在着一种“自组织”的功能。人世间，人和自然界都是一样的，它们产生变化的原因都是由于这些事物本身就会在一定的条件下发生变化，而这样从内显现出来的变化最终会导致事物进行不断的有序演化。

在普里高津看来，这天地万物，包括生活在其中的人和孕育万物的自然，都是不断在推进变化的，封闭起来不能发展，平衡也没有发展，发展并不是一路往前的，而是内外都充满着诸多的分叉和选择。很多人会感到奇怪，为什么一个理学问题，竟然就这么解释出了一股浓浓的人文气息，听完当真是叫人又佩服又一头雾水。然而普里高津就是把一门理学研究深入浅出地讲解出来，让更多人能够通俗易懂地了解潜藏在世间万物之间的相互关联，能够对自己不熟悉的专业产生一种深刻的认同感，也让更多的人愿意去了解这些被神秘面纱包裹起来的背后的世界。

早在1977年前，当时的普里高津还没有获得诺贝尔化学奖，但是他的人生经历就非常丰富了。在他的人生中，扮演着许许多多的角色。首先，在学生面前，他是一位勤勉的大学教授；在化学研究所里，他是走在比利时国际物理和化学前沿的科学研究所所长；在美国德克萨斯大学，他是统计力学和热力学中心的指导者。也可以说，他在学科上所体现出来的哲思，也正是他所有人生经历最终融合在一起的一种人生态度，一种对于生命的思考，对于哲学的思考。而在他的学术研究之路上，最终没能割裂开生活与理论知识，并且能够很好地将理论运用到现实生活中来，这也是难能可贵的。

夕阳西下，天空中的云朵火红而又绚烂，微风吹拂，吹动着每个人的心弦，也不断撩拨着变化多端的云彩。在这样一个静谧的黄昏，也许最适合思考生命、时间和演变。人为什么生？时间是否可以倒退？人是怎样变化发展的？这些看起来简单却又暗藏玄机的问题，虽然是一个小孩子也可能问得出来的问题，却连一个老人也无法回答，就连自古至今的哲学家也无法回答这些深奥的问题。这些问题也是普里高津常常在想的问题。

他能在实验室里，在无比复杂的试验中，用热力学方法了解不可逆过程，并从中另辟蹊径地发现平衡态结果的经典可逆反应。他能从试验中跳出来，联想到广阔的万物中来，然后用辩证的眼光去看待问题。这些都不是一个普通学者能完成的经典之作。

普里高津踏实肯干，在夯实基础的阶段从不偷懒，对待每一门学科都极其认真；他敢于开拓创新，不怕失败，敢于做那个第一个吃螃蟹的人，并且在勇敢的尝试之后还能推己及人，将这一美味分享给其他人；他能够很自然地将各个科目联系在一起，不是单纯地割裂开来，而是能够在彼此之间找到完美的联系点，契合在一起。总之，这个像风一般潇洒的人，总是带着满脑子的疑问去看待问题，最后总能从凌乱的线索中找到章法，顺利地解决问题。

作为一位比利时的科学家，普里高津也活跃在中国的科学神坛上，他与中国的联系之深，还得从他所受的非议来谈起。

3. 在质疑中坚持的非主流大师

这个世界上总是会有多种多样的声音，没有哪一件事情的发生、发展、结束是能够在完全一致的声音中平稳完成的。因为在这个世界上，每个人所处的环境不一样，所接受的教育不一样，不可能所有的人形成一样的世界观、人生观、价值观。这些因素导致了每个人所发出来的声音、所形成的看法是千差万别的。因此，哪怕对于普里高津，这个全能少年、诺贝尔化学奖获得者,也还是存在着反对的声音。而更严重的是，作为主流学者眼中的叛逆者，普里高津所处的地位恰好就是众人眼中的非主流形象。

普里高津的学术研究是建立在另辟蹊径的基础之

上的。他从前人的研究成果出发，在前行的路上硬生生地开辟了一条别人从来都没有走过的分岔路。在开拓创新的路上，他遇到了各种各样的艰难险阻，但是他从来都没有想过要放弃。终于，在几十年如一日的研究中，他的理论终于浮出水面。

对于这一条新兴之路，早已经在康庄大道上稳稳前行的主流科学家们首先提出了质疑。他们认为，这是对经典科学的不尊敬，是对哲学和经验的批评和扼杀，是对科学自身内部的扰乱和毁灭。于是，他的研究成果在很长的一段时间内都是不被认可的。甚至当诺贝尔化学奖已经决定要颁发给他了，但是在学科界定上，他本来是在物理学科上作出了更加突出的贡献，然而组委会最后还是把诺贝尔化学奖颁发给了他，这也着实是一件很遗憾的事情。其实，在一般人看来，普里高津获得诺贝尔化学奖的时候，他已经可以松一口气了。毕竟，他的成果最终得到了认可，并且迅速捕获了大众的心。当然,主流和非主流之间一直存在着矛盾，让主流学者认可非主流学者，并不是一件容易的事情。

于 1957 年获得诺贝尔物理学奖的中国科学家杨振宁，就是主流物理学派的代表。杨振宁的观点与普里高津的思路存在着较大的差别。然而说来也巧，这位受了 20 多年中国教育的科学家，却有一个重要的观点，就是不同意中国《易经》中“天人合一”的观点。

在杨振宁看来，万事万物虽然共生在一个宇宙地球中，但是无论是人类还是自然界，这两者之间都有自己亘古不变的规律，并不能混为一谈。这两者之间，就像两条平行线，在相互的轨道中直线延长，互不相交。同时，在杨振宁看来，人们在认识普天之下的万事万物的时候，不能够通过推论来得出结论，而是要在事实论证的基础上，对事物进行科学的归纳与整理，这样得出来的结论才是正确的。

有时候，不一定接受什么样的文化熏陶就会成为什么样的人，一个人可能没有来过中国，但是他的思想却与中华文化有着异曲同工之妙。这大概就是人类发展史上，无数个遥相呼应的文明光辉重合的奇妙之处吧！与杨振宁所代表的主流物理学家的观点不同，普里高津也在他的作品中系统地阐述了自己的思想。首先，中国文化中存在着“天人合一”的观念，在了解了这一文化背景以后，普里高津将目光看向了中国，积极转战中国的科学圈子，打算在寻找共鸣的基础上推广传播自己的学术思想。他曾经亲自写了自己专著的中文版序言，在《确定性的终结》序言中他写道：“在近代科学物理研究范畴内，一直有一个分歧，这个分歧涉及中西方文化之间的一些差异。在西方人看来，无论是从科学角度还是从哲学角度，都秉持着主体和客体之间的二元性这一特性，也就是说，作为有主观心理想法的人与客观被描述的自然万物来说，这两者是具有不同的属性的，是需要分开来对待的。然而在中国人看来，中国的哲学思想自古以来就讲究‘天人合一’的境界，人与自然界是相连在一起不可分开的。对我而言，我的观点跟中国的古老思想不谋而合。而这本书呢，正是从现代科学走近中国的古老哲学，阐述了这两者之间的相互关系，将这一物理学科向中国哲学拉近了距离。本书中的主要观点是，自组织的宇宙也是‘自发’的世界。从这个观点来看，我将我的观点综合为一种‘整体自然观’，而这个观点与西方科学的经典还原论是完全不同的。”

在序言中，普里高津不仅解释了中西方之间的文化差异，同时还向广大的中国学者发出了倡议："作为了解到中西方两种文化的学者来说，这样的一种文化交融是非常幸运的。当两种文化在我的脑海里交融的时候，我知道我必须从中找到这两点的交会点。首先，在西方的观点已经非常成熟的基础上，我们不要盲目地推翻，在对其保留意见的基础上，来重新表述自己的关于自然的自发性和创造性相关的法则，只有在对两者的有效论证的基础上，我们才能够证明自己的想法的正确性。《确定性的终结》这本书从 1996 年问世以后，在中西方文化的双重交融下，沿着双边的文化思路取得了诸多的进展。我们的目标不是对科学的终结，而是目睹新科学的萌生。建立起共同目标后，我衷心地希望，我的著作能和中国青年一代科学家们一道，为创建这一划时代的新科学作出贡献。”

在普里高津看来，“事物不单单是具有物质性这一特性，而且还具有稳定的结构性”。举个简单的例子，就拿 DNA 来说吧。我们在中学课本上能看到 DNA 的双螺旋结构样式，这个稳定的形状载着人类生命的信息，然而，长相类似的 DNA，仅仅因为排列上的一些小的变化，就会改变生命的形式。这里有一些让我们非常诧异的数据：DNA 的排序改变中，如果发生 0.2% 的数据变量，就足以改变基因，使得生命体产生巨大的变化，变成不同的人种。人类的近亲黑猩猩拥有与人类 98% 的相似基因，更加不可思议的是，人类在基因排列上根据数据比对分析出来的结果认为，人类的基因有 51% 是与大自然中微小的酵母菌相同的。

从这个微观的角度来看，在万事万物中，每个生物之间仅仅因为结构上的一点点改变，就不断演化直至演绎出了包容万象的亿万生命以及整个大千世界。如果我们在不经意间联想一下：在雨林灌木中爱吃香蕉的黑猩猩与南极大陆上慢悠悠散步的一群企鹅；蔚蓝的大海里自由潜水的鲸鱼与漫天黄沙中缓缓走来的一群骆驼；翱翔天际的一只雄鹰与队列整齐搬家的一群蚂蚁；还有沉睡在古老荒原上的一个微生物细菌与生活在五光十色繁华都市的现代人，这一切的对比，竟然都只是源自每个生物体内 DNA 排序上的不同，一切竟然都是由于这个双螺旋结构的差异所造成的，那么我们就会相信“结构决定事物的本质”。普里高津的这一脱离主流的非主流思想，伴随着“天人合一”的思想，为世界人民所接受并再一次深入人心。

对于“天人合一”的文化传承，博大精深的中华文化对其进行了几千年的反复验证：宇宙自然是大天地，人则是一个小天地。人本就应该属于自然，人和自然在本质上应该是相通的，所以，生活在自然中的人和事，都应该顺从自然规律，这样才能达到人与自然的相互和谐。老子有言：“人法地，地法天，天法道，道法自然。”短短几个字，却概括了中华文化的精髓所在。

西方人历来是不重视“天人合一”的，这与中西医在医学上的差异是有一定的内在关联的。正如西方人觉得人体本身都是由一个个器官组成的，就像一台机器一样，身上全都是相互组装在一起的零件。当一个部件出问题的时候，就需要通过手术来完成局部的修正，这样就能快速进行治疗。然而中医就不这么认为，在中医里，讲究的是人体之间的筋脉骨骼，是相互之间关联在一起的。头疼的时候，可能并不仅仅是脑袋部位出了差错，相反，可能是身体其他某个环节出了差错，只不过恰好表现出来的症状是头疼而已。

在普里高津看来，中国文化里所宣扬的“天人合一”不仅仅是一种哲学思想，更是一种实实在在的存在状态。在他的学术思想里，他在各个领域之间都关联起了不可逆的理论。无论是在物理学科、化学领域，还是生物领域，甚至是人类的各个系统，他都进行了牵线搭桥，拼凑了相互之间的关联性。他的这一理论，在近代科学史上，为物理学、生物系、化学之间的沟通和交流铲平了道路，并且为它们最终向人文科学的过渡提供了一张极富吸引力的通行证。“一种新的统一性正显露出来：在所有层次上的不可逆性都是有序性的源泉。”

其实，从普里高津的学术发展历史来看，他的传播有一个非常值得借鉴的地方，就是找到适合自己生根发芽的土壤。就像中国，由于自古以来的“天人合一”的传承，而为其带来适宜的发展环境，最终使得他的思想受到了认可。而哪怕就是在主流学派的质疑声中，他还是坚持自己的想法，凭借着自己稳扎稳打的学识基础，搭配以热情与强大的组织才能，以战略家的眼光，一手创办了布鲁塞尔学派，使得这一非主流研究得以长期发展。在他的学派体系中，广为流传着一套七步研究法：

第一步，剖析旧理论，打开突破口；

第二步，提问，不断提问，寻找要害；

第三步，博采，广收博采，为我所用；

第四步，思考，分析综合，抽象概括；

第五步，立案，提出方案，严格论证；

第六步，求解，切实求解，升华理论；

第七步，应用，应用实际，以求验证。

人们在对普里高津进行广泛而又深刻的研究时发现，他创立的“七步研究法”不仅仅适用于深层次上的学术研究，同时也适应于各个学科的学习。这对于我们广大民众来说也很适用。从成功人士的经验中总结而来的方法，能够帮助我们在不断学习的过程中取得事半功倍的效果。通过普里高津的这个方法，可以完成很多有意义的事情。这也是这位被永远铭记的物理学家在一生勤勤勉勉的学术研究与教育事业中，给后人们留下的一份宝贵的遗产。

2003 年 5 月 28 日，86 岁高龄的普里高津在比利时布鲁塞尔去世。一位大师陨落了，近代物理科学领域又少了一位和蔼可亲的高人。整个欧洲社会对他的逝世都感到极为伤感。法国媒体称普里高津为“动力学的诗人”，而德国的报纸则以“物理学的叛逆者”来描述他。这位一生跌宕起伏充满故事、在物理学领域开出哲学之花的伟大科学家，纵然他一生的理论研究还没有达到尽善尽美的地步，然而他所开拓创新的领域，他所坚持不懈的研究方向，他所兢兢业业传承的理论修养，都为世人留下了一笔丰盛而又宝贵的文化遗产。后人在此道路上，将永远怀念这位划过天际的比利时之星。

后　记

“一带一路”相关国家众多，代表性人物众多，为中外交好、民心相通作出杰出贡献的人士众多。因此，为“一带一路”璀璨群星立传，既使命光荣，又责任重大。在这项浩大工程的策划、组织、执行过程中，有许许多多的人士参加了有关传主的名单征集和审定，以及写作、翻译、审读、编辑、出版、筹资、联络等繁重而琐细的工作。所有参与的人员，以拳拳报国之心，尽深厚学养之力，克服了时间紧、任务重、要求高、压力大等诸多困难与挑战，最终圆满完成了任务。在本书付梓之际，丛书编委会特向参与本项目的全体同志致以崇高敬意和衷心感谢！

同时特别需要鸣谢的是，提出策划并领导实施此项目的中国传记文学学会会长王丽博士，基于长期法律实务经验和担任“一带一路服务机制”主席职务的便利，她对相关国家和“走出去”的“一带一路”建设者和广大青少年的需求了解真切，提出应当为他们写一套介绍各国典型人物的简明易读的传记，为他们提供健康的精神食粮。她把这项“额外”的工作当成了事业，联袂商会筹集资金、苦口婆心招揽作者、精心挑选传主名录、夙夜青灯挥笔写作、近乎偏执逐字推敲、亲力亲为呕心沥血。面对如此浩大的出版项目和繁重的出版任务，中国出版集团华文出版社不但毅然承担了出版任务，而且集团和出版社的领导与中国传记文学学会的负责同志一起协商，寻求有关部门的支持和帮助，努力将该传系打造成高质量的精品好书。在此，我们特向项目牵头人和中国出版集团公司、华文出版社的相关领导和编辑致以崇高敬意和衷心感谢！

尤其让我们感动的是，在项目执行过程中，一些富有家国情怀的民间商会和企业家的慷慨解囊，虽不足以支撑项目的全部费用，但是他们所表现出的热心和支持，让我们坚定了走下去的信心和决心。在此，我们要特别鸣谢为本书的创作出版做出捐赠支持的中国民营经济国际合作商会、亿阳集团股份有限公司、富通集团有限公司以及太平洋证券股份有限公司，并对他们的拳拳报国之心和慷慨无私帮助致以崇高敬意和衷心感谢！

一项伟大的事业，离不开许多默默无闻的奉献者。在本传系的组织、编写、出版过程中，有历史、文学、科研、外交、教育、法律、翻译、出版等领域的数百位专业人士参与，恕不能在此处一一详列。需要特别提出的是，鞠思佳、景峰等同志为组织联络、搜集资料到处奔波而毫无怨言，唐得阳、唐岫敏、白明亮、谭笑等同志在编写、翻译和编辑、校对过程中的细致与负责让我们感动，赵实、胡占凡、高明光、吴尚之、刘尚军、李岩、王灵桂、李永全、陈小明、许正明、宋志军等同志睿智的指点和专业的帮助让我们避免了走许多弯路。在此，我们特向以上各位同志致以崇高敬意和衷心感谢！

当然，由于我们水平所限，本丛书难免有某些不尽人意之处和瑕疵，敬请学界专家和各位读者不吝赐教，我们将在作品再版之时吸收完善。在此，我们也向各位读者提前表示崇高敬意和深深感谢！

"'一带一路'列国人物传系"编委会

2018年3月8日